V&R

Stephanie Witt-Loers

Wie Kinder Verlust erleben

... und wie wir hilfreich begleiten können

Vandenhoeck & Ruprecht

Bibliografische Information der Deutschen Nationalbibliothek

Die Deutsche Nationalbibliothek verzeichnet diese Publikation in der Deutschen Nationalbibliografie; detaillierte bibliografische Daten sind im Internet über http://dnb.d-nb.de abrufbar.

ISBN 978-3-525-70188-1

Weitere Ausgaben und Online-Angebote sind erhältlich unter: www.v-r.de

Umschlagabbildung: Hallgerd/shutterstock.com

© 2016, Vandenhoeck & Ruprecht GmbH & Co. KG,
Theaterstraße 13, D-37073 Göttingen /
Vandenhoeck & Ruprecht LLC, Bristol, CT, U.S.A.
www.v-r.de
Alle Rechte vorbehalten. Das Werk und seine Teile sind urheberrechtlich geschützt. Jede Verwertung in anderen als den gesetzlich zugelassenen Fällen bedarf der vorherigen schriftlichen Einwilligung des Verlages.
Printed in Germany.

Satz: SchwabScantechnik, Göttingen
Druck und Bindung: ⊕ Hubert & Co GmbH & Co. KG,
Robert-Bosch-Breite 6, D-37079 Göttingen

Gedruckt auf alterungsbeständigem Papier.

Inhalt

Einleitung 7

1 Eigene Erfahrungen und Informationen auswerten 9
2 Warum sollen und dürfen Kinder trauern? 19
3 Worum Kinder im Alltag trauern 25
4 Was ist denn Trauer überhaupt? 37
5 Wie reagieren Kinder in ihrer Trauer? 51
6 Jedes Kind trauert anders – warum eigentlich? 65
7 Kinder bei ihren Abschieden hilfreich begleiten 79
8 Abschied von der Tagesmutter – Start in den Kindergarten 113
9 Trauer nach der Trennung der Eltern 119
10 Trauer nach dem Tod eines nahestehenden Menschen ... 123
11 Kreative Möglichkeiten 129
12 Hilfreiche Begleitung im Überblick 139
13 Grenzen und eigene Trauerprozesse 143
14 Lesetipps und Links 145

Literatur 155

Dank 157

Irgendwo blüht die Blume des Abschieds
und streut immerfort Blütenstaub, den wir
atmen, herüber; und auch noch im
kommendsten Wind atmen wir Abschied.

Rainer Maria Rilke

Einleitung

Liebe Leserinnen und Leser!

Mit diesem Buch möchte ich zu einem mitfühlenden Verständnis für Alltagssituationen, in denen Kinder trauern, beitragen. In unserer Erwachsenenwelt vergessen wir allzu leicht, was im Leben eines Kindes Verlust, Trauer und Abschied bedeuten kann und worum Kinder in ihrer Lebenswelt trauern.

Wird uns Erwachsenen bewusst, welche »Trauerarbeit« Kinder in ihrem Alltag immer wieder leisten und welche Reaktionen sie auf einen für sie bedeutsamen Verlust zeigen, können wir als Bezugspersonen eine wichtige und hilfreiche Stütze für sie in belastenden Lebenssituationen sein. Das gilt für Eltern, aber ebenso auch für Betreuungspersonen im Kontakt mit den ihnen anvertrauten Kindern, also für ErzieherInnen, LehrerInnen, Tagesmütter und -väter, TrainerInnen etc.

Das Buch möchte die Sensibilität für Kinder in Verlustsituationen schärfen. Wir können zur gesunden Entwicklung eines Kindes beitragen, wenn wir es in seiner persönlichen Trauer wahrnehmen, hinhören, seinen Schmerz anerkennen, es angemessen begleiten und dabei unterstützen, mit dem Verlust zurechtzukommen. Den Umgang mit Verlust zu »üben« und ihn als natürlichen Teil des Lebens zu akzeptieren, hilft dem Kind, mit anderen, schweren Verlusten, die unweigerlich in das Leben eines jeden Menschen treten, zurechtzukommen. In diesem Sinne würde ich mir wünschen, dass das Buch ein guter Begleiter für Sie und letztendlich für die Kinder sein kann, für die Sie Verantwortung tragen.

Gern können Sie mit mir Kontakt aufnehmen. Ich freue mich darauf, von Ihnen zu hören.

Stephanie Witt-Loers/info@dellanima.de/www.dellanima.de

1 Eigene Erfahrungen und Informationen auswerten

Persönliche Trauererlebnisse

Bevor wir uns dem Trauererleben von Kindern zuwenden, möchte ich Sie einladen, sich auf eine kleine Zeitreise einzulassen und zu schauen, welche Erfahrungen Sie selbst als Kind mit Abschied und Verlust gemacht haben. Was haben denn meine Verlusterfahrungen damit zu tun, dass ich für ein Kind da sein möchte, wenn es trauert? Möglicherweise stellen Sie sich gerade diese Frage. Die kurze schlichte Antwort lautet: ziemlich viel.

Warum das so ist, möchte ich gleich erläutern. Zunächst jedoch einige Beispiele aus meiner Praxis, die vielleicht schon verdeutlichen, worum es eigentlich geht.

> Marco (elf Jahre) fühlt sich von seiner Mutter Bettina (38 Jahre) nach eigenen Aussagen in der letzten Zeit unverstanden und nicht ernst genommen. Immer wieder geraten die beiden aneinander, es kommt zu tiefen Verletzungen und Tränen. Besonders dann, wenn Marco wütend und verzweifelt ist, weil die Familie aus beruflichen Gründen Ende des Jahres wegziehen wird aus dem bisherigen Heimatort. Der Vater wird mehr Geld verdienen, sie werden eine größere Wohnung haben und in der Nähe der Großeltern leben. Marco wird eine schöne neue Schule besuchen und ein neues Zimmer mit neuen Möbeln bekommen. Neue Freunde wird er sicher schnell finden, denn er ist ein kontaktfreudiger Junge. Das ist doch alles super, meint Bettina. Es wird viel besser sein als jetzt. Marco reagiert auf solche Äußerungen mit Aggression oder zieht sich zurück. Er will keine neuen Möbel, kein neues Haus, keine neue Schule und schon gar keine neuen Freunde. Er fühlt sich wohl in seinem jetzigen Lebensumfeld.

Bettina empfindet Marco als undankbar. »Das ist normal, dass Dinge sich im Leben verändern. Das muss man hinnehmen und nicht so einen Aufstand machen. Marco soll froh sei, dass wir so gut für ihn sorgen, es ist doch nur zu seinem Besten«, sagt Bettina.

Auf die Frage nach ihren persönlichen Verlusterfahrungen erzählt sie, dass sie noch nie eine schwere Trauersituation in ihrem Leben erfahren hat. Alles sei immer gut gewesen, ihre Kindheit behütet, die Eltern fürsorglich. Niemand sei gestorben.

Erst später im Verlauf des Gesprächs nach weiterer Nachfrage, ob denn nicht ein Haustier gestorben wäre, es keinen Umzug oder eine Krankheit gegeben habe, wird Bettina bleich und beginnt zu weinen. Sie berichtet, dass sie (damals sieben Jahre) eines Tages von der Schule nach Hause gekommen sei und ihr geliebtes Kaninchen Max weg gewesen wäre. Sie suchte es überall, war verzweifelt und fragte am Ende ihren Vater. Der antwortete nebenbei, dass er es geschlachtet habe. Es sei an der Zeit gewesen. Sie bekäme morgen ein neues Kaninchen und bräuchte so einem Tier nicht nachzutrauern. Bettina erzählt, dass sie diese Situation irgendwie tief vergraben, nicht mehr daran gedacht habe. Erst jetzt spüre sie, wie tief der Schmerz von damals noch in ihr sitze. Bettina lernte in ihrer Kindheit, aufkommende Trauergefühle beiseite zu drängen, sie nicht zuzulassen und nicht ernst zu nehmen. Ihr soziales Umfeld vermittelte ihr, dass Trauer nur dann Platz haben dürfe, wenn jemand gestorben sei, alles andere sei es nicht wert, betrauert zu werden, sei leicht ersetzbar. Dies vermittelte sie unbewusst auch ihrem Sohn Marco. In der Sitzung kamen Bettina viele Tränen und die jahrelang verdrängte Trauer bahnte sich ihren Weg, konnte endlich Raum finden. Bettina fand, trotz ihrer Verletzung, Verständnis für ihren Vater, denn er hatte als Kind zu Tieren nie eine enge Bindung aufgebaut, da er gelernt hatte, sie nur als Nutztiere zu sehen. Bettina konnte ihre damaligen kindlichen Bedürfnisse wahrnehmen. Sie hatte den Wunsch, um das, was verloren war, zu trauern, es zu beweinen. Sie konnte jetzt nachvollziehen, dass Marco um das, was er mit dem Umzug verlieren würde, trauerte. Sie konnte verstehen, dass ihn der Verlust seiner Freunde, seiner geliebten und seit Kindheit vertrauten Heimat schmerzte und dass er Anerkennung und Raum für diesen Schmerz brauchte.

Die Mutter von Sandra R. ist plötzlich gestorben. Sandra (36) und ihre Familie (Ehemann Jens und die sechsjährige Tochter Nadine) hatten eine enge Beziehung zur Verstorbenen. Sie haben viel Zeit miteinander verbracht, sind zusammen in Ferien gefahren. Nadine wurde häufig von ihrer Oma beaufsichtigt. Sandra R. kommt in die Praxis, um sich beraten zu lassen. Sie möchte wissen, was sie ihrer Tochter Nadine sagen kann, wie sie mit ihr umgehen soll, ob sie Nadines Wunsch nachgeben soll, sich noch einmal von der toten Oma zu verabschieden. Sandra ist unsicher und tendiert dazu, Nadine den Abschied von der verstorbenen Oma nicht zu erlauben und sie auch nicht mit zur Trauerfeier zu nehmen, obwohl Nadine sich das wünscht. Auf die Frage, warum sie das für besser halte, antwortet Sandra, dass sie Angst habe, die Konfrontation mit so schweren Themen könnte Nadine schaden und sie unnötig belasten. Weiter nachgefragt, berichtet Sandra über ihre eigenen Erfahrungen als Sechsjährige im Zusammenhang mit dem Tod der eigenen Oma. Die Oma war nach längerer Krankheit im Krankenhaus gestorben. Sandra hatte sie lange nicht gesehen, da sie wegen ihres Alters nicht mit auf die Intensivstation durfte. Ihre Mutter, die die Trauerfeier und alles damit in Zusammenhang Stehende allein regeln musste, nahm Sandra mit zum Bestatter. Dort wurde Sandra unvorbereitet mit der toten Oma konfrontiert, die sich durch die Krankheit und den eingetretenen Tod natürlich verändert hatte. Für Sandra war der Anblick ein Schock. Diesen wollte sie Nadine verständlicherweise ersparen. Dass die für Nadine bestmögliche Entscheidung nicht zwischen »die Oma sehen« und »die Oma nicht sehen« getroffen werden musste, wurde Sandra erst deutlich, als ich sie fragte, was sie sich als Kind denn in dieser Situation gewünscht hätte. Sandra nannte Stichworte zu ihren Bedürfnissen wie: Vorbereitung, Erklärungen, körperliche Zuwendung, Zeit und würdevoller Abschied. Diese Erkenntnisse halfen Sandra, ihrer Tochter Nadine den Abschied von der geliebten Oma doch zu ermöglichen. Zuvor erklärte sie Nadine altersentsprechend, was mit dem Körper geschieht, wenn er stirbt, dass Menschen keine Schmerzen haben, wenn sie gestorben sind, was bei einer Beerdigung passiert und vieles mehr.

Einfluss persönlicher Erfahrungen

Viele Aspekte beeinflussen den persönlichen Umgang mit Verlusten und die Art, wie wir anderen begegnen, die einen Verlust erlitten haben. Ob wir hilfreich an ihrer Seite sind oder den Trauerprozess sogar erschweren, kann eben unter anderem von den Erfahrungen abhängen, die wir in unserer Kindheit mit Verlusten und deren Bearbeitung gemacht haben.

Wie Eltern und unser Umfeld auf unser ganz persönlich empfundenes Leid als Kind reagiert haben, prägt unsere eigene Begegnung mit weiteren Verlusten und auch unseren Umgang mit trauernden Menschen, kleinen und großen. Ob Bezugspersonen uns gestützt, gestärkt, ermutigt, geschwächt und/oder verunsichert haben, ob wir unser Unglück betrauern konnten oder die Trauer verschoben werden musste, weil sie nicht ernst genommen wurde oder weil erst einmal andere überlebenswichtige Themen Vorrang hatten, all dies sind Faktoren, die unseren Umgang mit eigener Trauer und Begegnung mit Trauernden beeinflussen.

Neben unseren eigenen Erfahrungen ist ein weiterer wesentlicher Faktor unser Wissen, also sachliche Informationen zum Ereignis, zu Trauerprozessen und Trauerreaktionen, über die wir verfügen und/oder die wir uns leicht zugänglich machen können.

Andere Aspekte, die Trauerprozesse prägen, möchte ich in ➤ Kapitel 6 benennen. Lassen Sie sich von der Komplexität des Themas nicht abschrecken. Sie werden sehen, dass Sie vieles, was Sie bisher erlebt haben, durch die neu gewonnenen Informationen in einen anderen Zusammenhang bringen können und manches im Nachhinein sogar verständlicher wird. Dies kann ich aus meiner langjährigen Erfahrung in der Trauerbegleitung sowie der Fortbildungsarbeit zum Themenbereich sagen und auch aus meinen ganz persönlichen Verlusterfahrungen.

Umgang mit Trauer in unserer Gesellschaft

Eigene Verlusterfahrungen und deren Bearbeitung sind nicht losgelöst von gesamtgesellschaftlichen Normen und Umgangsformen zu sehen. Nicht selten ist die Reaktion des sozialen Umfeldes auf einen schweren Verlust, wie z. B. den Tod eines Menschen, Hilflosigkeit, Sprachlosigkeit und Ohnmacht. Auf der anderen Seite fühlen sich Trauernde z. B. nach dem Tod eines nahestehenden Menschen häufig allein gelassen, unverstanden oder ausgegrenzt. Dabei spielt es keine Rolle, ob es sich um trauernde Kinder oder Erwachsene handelt. Diese zusätzlich zum erlebten Verlust schmerzenden Erfahrungen machen Menschen jeder Altersstufe in unserer Gesellschaft leider häufig.

Hinter den für Betroffene oft verletzenden Reaktionen des Lebensumfeldes steckt meist keine Böswillig- oder Gedankenlosigkeit, sondern ein fehlendes Wissen zu Trauerprozessen, Trauerreaktionen und dem Umgang mit trauernden Menschen.

Dieser Mangel führt zu Unsicherheit und bedauerlicherweise vielfach auch dazu, das Geschehen und den Betroffenen zu ignorieren oder zu »vertrösten«. Letztendlich fühlen Betroffene sich daher einsam, allein gelassen und unverstanden. Häufig empfinden sie sich selbst als falsch reagierend und schämen sich für ihre Gefühle und Gedanken, die im Zusammenhang mit der Trauer auftauchen.

Kindern geht es mit ihren kleinen und großen Verlusten ebenso. Nicht selten werden Kinder wie Erwachsene sogar für ihre Trauerreaktionen verurteilt, ausgeschimpft oder bestraft. Eben weil diese nicht als solche erkannt werden und Wissen zum Themenkomplex fehlt. Wir halten uns dann an das, was wir so »gehört« haben und versuchen die Situation damit in den »Griff« zu bekommen: »Die Zeit heilt alle Wunden« – »Das wird schon wieder« – »Das Leben hat doch noch anderes zu bieten« – »Du musst nicht so traurig sein« – »Andere haben es viel schwerer als du« – »Jeder hat sein Päckchen zu tragen« …

Gerade solche aus Unsicherheit und Hilflosigkeit entstandenen Äußerungen unterstützen Betroffene bei einem schweren Verlust nicht wirklich. Zudem schaden wir uns selbst, denn wir verfügen damit ebenso wenig über einen angemessenen Umgang mit schweren Lebensthemen und Krisen. Diese werden uns jedoch unweigerlich in unserer persönlichen Biografie immer wieder begegnen. Letztendlich wäre es für uns alle hilfreicher, wenn sich die gesamtgesellschaftliche Haltung zu Trauer und deren Bearbeitung offener und sachlich fundierter gestalten würde. Mythen und falsche Forderungen an das Verhalten Trauernder sollten endlich ausgeräumt werden und so der Weg frei werden für Verständnis, Akzeptanz und die Möglichkeit, den Trauerweg nach persönlichen Bedürfnissen zu gestalten.

Auch bei eigenen »kleinen Verlusten« oder denen anderer Menschen und dem Umgang damit machen sich diese Unsicherheiten bemerkbar. Unbewusst übernehmen wir dieses Trauer abwehrende und abwertende Verhaltensmuster und erschweren uns selbst und anderen einen heilsamen Trauerprozess.

Zusammengefasst wird deutlich, dass unsere eigenen Verlusterfahrungen, die Reaktionen unseres sozialen Umfelds, gesellschaftliche Normen und Werte sowie unsere Bewältigungsstrategien immer auch in der Begegnung und Begleitung unserer Kinder oder anderer Menschen eine wesentliche Rolle spielen. Daher möchte ich Sie einladen, mit mir einen Blick auf Ihre eigene Kindheit und auf Ihre erlebten Verluste zu werfen. Zum einen werden durch die Auseinandersetzung mit früheren Verlusten häufig eigene Ängste und/oder unverarbeitete Trauer deutlich, die möglicherweise den Umgang mit persönlichen Verlusten sowie den Zugang zu anderen Menschen in Verlustsituationen, auch solchen von Kindern, erschweren. Zum anderen bietet die Reflexion die Möglichkeit, eigene Verhaltensmuster besser zu verstehen, persönliche Bewältigungsstrategien zu deuten und diese gegebenenfalls verändern zu können.

Trauersituationen der eigenen Kindheit reflektieren

Vielleicht erscheint Ihnen dieses Anliegen trotzdem zunächst banal und etwas fremd. Aus meiner langjährigen Erfahrung als Trauerbegleiterin von Kindern, Jugendlichen und ihren Familien sowie als Fortbildungsreferentin für Lehrer, Erzieher, Psychologen, Sozialarbeiter und andere Berufsgruppen, die mit trauernden Kindern in Kontakt kommen, möchte ich ausdrücklich dazu ermutigen, sich auf diese »Übung« einzulassen.

Immer wieder sind Menschen, die sich in meinen Seminaren mit dieser Aufgabe beschäftigen, sehr überrascht, was alles bei dieser Auseinandersetzung zum Vorschein kommt. Menschen sind erstaunt, wie viel Trauer noch im Verborgenen liegt, wie viel Leid bisher nicht betrauert werden konnte und nach so vielen Jahren heftige emotionale Reaktionen auslösen kann. Eine Lehrerin meinte zunächst, bei ihr habe es in der Kindheit keine Verluste gegeben. Später weinte sie bitterlich, weil ihr Onkel, den sie sehr liebte, ohne vorherige Absprache ihren Kaufladen verkauft hatte. Sie wäre schon zu alt dafür, sagte er dazu, sie solle sich nicht so anstellen. Ein Lehrer aus einer anderen Gruppe wurde von der Trauer um seinen Hund eingeholt, den die Eltern hatten einschläfern lassen, als er in der Schule war. Sie wollten ihm den schmerzhaften Abschied ersparen. Als der Junge aus der Schule kam, war der Hund weg gewesen, ohne Vorwarnung. Der Verlust dieses guten Freundes wurde nicht weiter thematisiert. Eine andere Teilnehmerin hatte nicht damit gerechnet, dass sie ihre kindliche Trauer um den ständigen Abschied des Vaters noch in sich trug. Als Fernfahrer musste der Vater die Familie immer wieder über längere Zeiträume verlassen. Es gab lange Lebensphasen ohne ihn, in denen zudem nicht immer klar war, wie es ihm ging und wann er wieder kommen würde.

Häufig hat der Blick auf die Verluste der Kindheit mit erlebten Todesfällen zu tun. Hier taucht Trauer in den unterschiedlichsten Facetten und Situationen auf. Zum Beispiel Trauer um den verwehrten Abschied vom kranken und/oder verstorbenen Menschen, Trauer, dass man als Kind bei der Beerdigung nicht dabei sein durfte, Trauer darum, nicht die Möglichkeit gehabt zu haben, letzte wichtige Worte und Gesten an den Sterbenden/Verstorbenen zu richten, Trauer um nicht gelebte Beziehungen, um nur einige Beispiele zu nennen. Zudem tauchen Ängste in diesem Zusammenhang auf, die zumeist daher rühren, dass Kinder nicht altersentsprechend begleitet wurden. Sie wurden mit beängstigenden Bildern, lückenhaften Informationen oder unverständlichen Ritualen konfrontiert und allein gelassen. Damit es Ihrem Kind nicht ebenso ergeht, beschäftigen Sie sich ja gerade mit dem Thema Abschied. Sie werden, obwohl es kein Patentrezept im Umgang mit Verlust gibt, sehr vieles erfahren, was Ihnen und Ihrem Kind hilfreich sein wird.

Wenden Sie sich nun noch einmal Ihrem eigenen inneren Kind und dem Erlebten der eigenen Kindheit zu.

Exkurs

Aufgabenvorbereitung

Nehmen Sie sich Zeit und bereiten Sie diese Übung gut vor. Suchen Sie sich einen vertrauten Raum, in welchem Sie sich geborgen und gut aufgehoben fühlen. Der Raum sollte nicht zu kalt sein. Sorgen Sie dafür, dass Sie nicht gestört werden, schalten Sie das Telefon aus und bringen Sie Ihr Kind/Ihre Kinder gut unter. Verabreden Sie keine anstrengenden Termine im Anschluss an diese Aufgabe. Möglicherweise möchten Sie später mit jemandem sprechen. Überlegen Sie, wer das sein könnte und fragen Sie nach, ob diese vertraute Person gegebenenfalls für Sie da sein kann. Unter Umständen haben Sie das Bedürfnis, sich professionelle Unterstützung zu holen. Nehmen Sie dieses Bedürfnis dann bitte ernst. Stellen Sie ein nicht alkoholisches Getränk bereit, wenn Sie mögen, auch Teelichter und Taschentücher. Vielleicht mögen Sie etwas entspannte Musik im Hintergrund. Außerdem benötigen Sie einen Stift sowie Karten in zwei verschiedenen Farben. Eine bekommt die Überschrift – *(Minus)*, die andere + *(Plus)*.

Aufgabenstellung

Begeben Sie sich zurück in Ihre Kindheit und versuchen Sie sich zu erinnern, welcher Verlust für Sie als Kind sehr schmerzhaft war, wo Sie gelitten und starken Kummer empfunden haben. Es kann sich dabei um den Verlust eines Spielzeugs handeln, einen Umzug, den Sie nicht wollten, den Weggang einer Erzieherin, die Trennung von einem guten Freund, die Trennung ihrer Eltern, den eigenen Krankenhausaufenthalt, die Abwesenheit eines oder beider Elternteile, einen Unfall oder etwas ganz anderes. Möglicherweise handelte es sich um den Tod einer nahestehenden Person oder den Tod eines Haustieres.

Versetzen Sie sich jetzt gedanklich und emotional in diese Situation Ihrer Kindheit. Spüren Sie den damals erlebten Gefühle nach. Was haben Sie als Kind empfunden? Lassen Sie sich Zeit für die aufkommenden Gedanken und Gefühle.

Betrachten Sie jetzt Ihr damaliges Erleben unter zwei Aspekten und befassen Sie sich mit folgenden Fragen:

1. Was war in dieser Situation besonders schlimm für mich? Was war nicht gut? Was hat mir gefehlt?
2. Was hat mir geholfen? Was hat trotz des Schmerzes gut getan? Was war hilfreich? Wer war hilfreich und warum?

Notieren Sie nun Ihre Antworten in kurzen Stichworten zu 1 auf der Karte mit dem Minuszeichen und zu 2 auf der Karte mit dem Pluszeichen. Lassen Sie sich weiterhin Zeit und erlauben Sie sich die auftauchenden Gedanken und Gefühle. Möglicherweise gibt es Antworten, die auf beiden Karten stehen sollen (z. B. Stille – als einerseits positiv empfunden und zu einer anderen Zeit als negativ empfunden). Das darf sein.

Auswertung

Ich bin der Auffassung, dass wir schon viele Kompetenzen, die eine Begleitung nach einem Verlust hilfreich machen, mit uns bringen. Manchmal sind diese verdeckt oder schlummern unbewusst in unserem Rucksack, mit dem wir durch unser Leben gehen. Schauen Sie sich einmal Ihre notierten Stichworte an. All die Gesten und Worte, die Ihnen in ihrer Verlustsituation als Kind gut getan haben, werden höchstwahrscheinlich auch Ihrem Kind gut tun. Das, was Sie sich als Unterstützung in Ihrer Kindheit gewünscht haben, können Wünsche sein, die Ihr eigenes Kind ebenfalls hat. Wenn Sie die Stichworte, die auf der »Negativliste« vermerkt sind, umkehren, also z. B. aus »nicht darüber sprechen dürfen« »sprechen dürfen« machen oder aus »nicht ernst genommen werden« »ernst nehmen«, haben Sie neben den Dingen, die auf Ihrer »Positivliste« stehen, eine ganze Reihe weiterer wertvoller Hinweise, die Ihrem eigenen Kind in einer Verlustsituation helfen werden. Manchmal steht nicht sehr viel auf der »Positivliste« – dann ist die Umkehrung der Negativliste meist umso ergiebiger. Die Stichworte geben Ihnen zudem Aufschluss darüber, wo Sie möglicherweise aus Ihren negativen persönlichen Erfahrungen heraus unbewusst Abwehrmechanismen im Zusammenhang mit Verlust entwickelt haben, die Sie für sich und eventuell Ihr Kind bei einer Konfrontation mit Verlust in Gang setzen. Das bedeutet, Sie sollten reflektierend kontrollieren, woher Gedanken und Gefühle der Ablehnung einer Auseinandersetzung mit dem Verlust kommen. Überprüfen Sie bitte auch, ob diese Argumente einer sachlichen Bewertung standhalten. Solche Argumente schauen wir uns im folgenden Kapitel an.

2 Warum sollen und dürfen Kinder trauern?

Mit Verlust umgehen lernen

Gern möchten wir unsere Kinder von Schmerz und Trauer fern halten, möchten ihnen leidvolle Verlusterfahrungen ersparen. Wir möchten, dass sie eine schöne, unbeschwerte Kindheit genießen. Dafür möchten wir alles tun. Es soll ihnen so gut wie möglich gehen. Das sind unsere Wünsche, dennoch ist die Realität eine andere, denn kleine und große Abschiede, schwere Verluste, belastende und schmerzhafte Lebenserfahrungen gehören zu unserem Leben. Auch zum Leben eines Kindes. So paradox es vielleicht auch klingt: Wir fördern Kinder in ihrer gesunden Entwicklung, wenn wir zulassen, dass sie Abschiede durchleben und ihre Trauer spüren dürfen.

Die Natur des Menschen scheint von Beginn an darauf ausgerichtet, schmerzhafte Lebenseinschnitte zu verkraften. Den ersten, großen Abschied erleben Kinder schon durch die Geburt. Um auf dieser Erde leben zu können, müssen wir uns alle von der Geborgenheit des Mutterleibs verabschieden. Schon von Beginn an begleiten uns die Lebensthemen Abschied und Neubeginn und liegen, wie so vieles im Laufe unseres Lebens, eng zusammen. Nach der Geburt lassen die nächsten Abschiede auch nicht lange auf sich warten. Kurzzeitige Trennungen von Bezugspersonen, wenn sie das Zimmer verlassen, die Ablösung von der mütterlichen Brust, vom Schnuller und der Windel.

Sie sehen, wir kommen, ob wir wollen oder nicht, gar nicht umhin, uns mit Abschieden schon von Geburt an zu befassen.

Diese Übergänge und Abschiede verlangen Loslösung und ermöglichen zugleich Wachstum und Entwicklung. So ist es auch mit den Verlusten, die Kinder im weiteren Verlauf ihres Lebens erfahren.

Eine gesunde, kindliche Entwicklung beinhaltet daher Lernprozesse und die Erkenntnis, dass auch seelischer und körperlicher Schmerz, Verlust, Krankheit, Trennung und Tod natürliche Bestandteile unseres Lebens sind. Wesentlich ist, dass Kinder lernen dürfen, mit solchen Erfahrungen umzugehen. Den bestmöglichen, individuellen Umgang mit Verlusten und Krisen, ob kleineren oder größeren, müssen Kinder erst erlernen. Je früher sie die Möglichkeit bekommen, sich mit kleinen Verlusten auseinanderzusetzen, umso eher kommen sie später mit schweren Verlusten zurecht und zerbrechen nicht daran.

Wir dürfen unseren Kindern daher die Auseinandersetzung mit Verlusten nicht vorenthalten, denn damit verweigern wir ihnen wichtige Entwicklungsschritte.

Konkret bedeutet dies: Nicht das verstorbene Haustier schnellstmöglich durch ein neues ersetzen, auch nicht heimlich. Es bedeutet, den Verlust als solchen zu akzeptieren und ihn nicht zu beschönigen.

»Ja es ist schade, dass dein Meerschwein gestorben ist. Wir gehen morgen gleich zum Tierhändler und besorgen dir ein neues. Dann brauchst du gar nicht traurig sein.« – Durch ein solches Verhalten lernen Kinder nicht, sich schmerzhaften Gefühlen zu stellen. Diese Strategie, Trauergefühle durch Ersatzobjekte zu kompensieren, wird dann für zukünftige Verluste eingesetzt. Dauerhaft kann eine derartige Strategie nicht funktionieren. Verzweiflung und Angst nach einem schweren Verlust sind umso größer, wenn wir als Kind nicht haben lernen dürfen, hilfreiche Strategien zu entwickeln.

Deshalb sind kleine Verluste und ihre Bearbeitung schon im frühen Kindesalter enorm wichtig. So können Kinder persönliche Strategien entwickeln, die ihnen helfen, mit einem schweren Verlust umzugehen.

Zugleich entwickeln sich durch die individuelle Erfahrung mit Verlust Sensibilität und emphatisches Verständnis für Verlustsituationen anderer Menschen sowie ein Spektrum an Möglichkeiten, Unterstützung zu geben. In der Entwicklungspsychologie wurden jüngeren Kindern diese Fähigkeiten früher abgesprochen. Inzwischen sind Wissenschaftler sich einig und die Erfahrung belegt dies ebenfalls, dass selbst kleinere Kinder schon Mitgefühl empfinden und auf ihre kindliche Art Trost spenden können.

Kinder für ihr Leben stärken

Die zugestandene und begleitete Auseinandersetzung mit leichten und schweren Verlusten erlaubt es Kindern, viele unterschiedliche Handlungs- und Konfliktlösungskompetenzen zu entwickeln, die sie stärkend auf ihrem weiteren Lebensweg begleiten. Die frühe Beschäftigung mit persönlichen Krisen und »negativen« Lebensaspekten ermöglicht Kindern einen offenen Blick auf ihr eigenes Leben und das Interesse an der eigenen Lebensgeschichte. Kinder können dann mit weniger Sorge und Angst auf Neues zugehen. Dies wird ihnen später im Jugendlichen- und Erwachsenenalter zugutekommen.

Schwierige Lebenssituationen können besser bewältigt werden, weil das Kind sich selbst gut kennenlernen konnte. Die Auseinandersetzung, das Sich-Ausprobieren im Kontext mit leichten und schweren Verlusten sensibilisiert. Es schärft die persönliche Wahrnehmung individueller Kompetenzen und ermutigt dazu, diese aktuell und zukünftig zu entfalten.

So können Kinder z. B. wichtige Fähigkeiten zur Selbstberuhigung und Motivation entwickeln. In der Pubertät werden die Identitätsfindung und die Suche nach dem persönlichen Lebenssinn sowie nach eigenen Werten durch die gewonnenen Erfahrungen erleichtert.

Das Übernehmen von Verantwortung sich selbst und anderen gegenüber sowie die Fähigkeit, tragfähige Beziehungen gestalten zu können, werden durch die Beschäftigung mit kleinen und großen Abschieden gefördert. Daneben begünstigt die Auseinandersetzung einen selbstkritischen Umgang mit persönlichen Werten sowie gesellschaftlichen Anforderungen und Normen. Durch die schon in der frühen Kindheit immer wieder neue und offene Beschäftigung mit veränderten Lebenssituationen kann die persönliche Lebensgeschichte eher reflektierend betrachtet werden. Die Grundlagen für den Mut und das Selbstbewusstsein werden gelegt, um im Erwachsenenalter Strukturen, die nicht mehr tragen, zu verändern oder aufzulösen und für sich neue individuelle Lebensperspektiven zu eröffnen.

Kinder, die sich mit Abschied und Verlust befassen dürfen, entwickeln zudem eine natürliche Kommunikation zu schweren Lebensthemen. Hierdurch kann den Bedürfnissen entsprechende Unterstützung leichter erkannt und zugänglich gemacht werden. Gleichzeitig wird die Scham, diese Hilfe in Anspruch zu nehmen, verringert. Die Verfügbarkeit und Inanspruchnahme von hilfreicher Unterstützung sind bei einem schweren Verlust wiederum wesentliche Faktoren, um einen komplizierten Trauerprozess, der seelische und körperliche Schäden mit sich bringen kann, zu verhindern.

Die Rolle der Medien in der kindlichen Wahrnehmung

Aus meiner Sicht ist es in Zusammenhang mit dem kindlichen Erleben von Abschieden und Verlusten sinnvoll, einen Blick auf unseren Umgang mit den Medien zu richten. Vor allem sollten wir selbstkritisch prüfen, wie wir Kinder hier begleiten oder sie vielleicht auch allein lassen.

Kinder werden durch die Medienlandschaft immer wieder konfrontiert mit Katastrophen, Leid, Krankheiten, Krieg, Unfällen und anderen Bedrohungen. Selbst uns Erwachsene können diese Meldungen, die Kinder meist unvorbereitet und ungefiltert treffen, zur Verzweiflung bringen. Wir fragen uns, ob das Leben auf dieser Welt überhaupt noch lebenswert ist. Oft verstehen wir selbst nicht mehr, was alles um uns herum geschieht. Seien es die Kriege und ihre Folgen, die unzähligen Selbstmordattentate oder Amokläufe. Gesamtgesellschaftlich bestimmen Angst und Verunsicherung immer mehr unser Leben. Uns fällt es schwer, mit all diesen Nachrichten zurechtzukommen. Kinder haben aufgrund ihrer eingeschränkten kognitiven und emotionalen Fähigkeiten noch nicht einmal die Möglichkeit, all diese Eindrücke zu ordnen. Sie können sie nicht so für sich sortieren, dass sie gut damit zurechtkommen. Schützen können wir unsere Kinder vor all diesen medialen Eindrücken nicht, denn irgendwo laufen immer Fernsehbilder, ein Radio, liegt eine Zeitung, oder Kinder schnappen Gespräche auf. Häufig machen sie sich ihre eigenen Gedanken und sind mit ihren Ängste allein.

Kinder nehmen viel mehr wahr, als Erwachsene vielleicht glauben. Sie deuten unsere Reaktionen auf Nachrichten und setzen aus diesen Informationsbruchstücken ihr Weltbild zusammen. Vielfach bleiben offene Fragen, denn das kognitive Verständnis ist noch in der Entwicklung. Informationslücken werden durch Fantasien, die häufig noch bedrohlicher und beängstigender als die Realität sind, aufgefüllt. Dies bedeutet, dass Kinder angewiesen sind auf sachliche Informationen und klärende Gespräche. Einfache, kindgerechte Erklärungen würden dem Kind in einer solchen Situation helfen. Für Kinder ist es wichtig, dass das Gehörte und Gesehene in einen verständlichen Zusammenhang gebracht wird. Dazu müssen wir Kinder sensibel wahrnehmen und sie spüren lassen, dass sie nicht allein sind.

> Jana (fünf Jahre) sieht in der Zeitung und im Fernsehen die Bilder der Terroranschläge von Paris im November 2015. Sie schnappt Stichworte der Erwachsenen auf wie »Wir sind hier auch in Gefahr« – »Sie werden hierher kommen«. Jana hört, dass ihre Eltern sich aufgeregt über das Geschehen unterhalten. Sie bekommt mit, dass andere Menschen in ihrer Umgebung beunruhigt sind. In Hannover wird ein paar Tage später aufgrund von Terrorwarnungen das Länderspiel Deutschland gegen die Niederlande abgesagt. Auch dies hört sie bruchstückhaft und glaubt, dass »sie jetzt tatsächlich schon hier sind und uns töten werden«. Jana hat große Angst um ihre Eltern und um sich selbst. Sie möchte nicht mehr allein in ihrem Bett schlafen. Die Frage, was los sei, kann Jana verbal aufgrund ihrer Entwicklung nicht beantworten. Erst ihre Bilder und das beobachtete Spiel zeigen die Ursache der Ängste.

Das Beispiel macht deutlich, wie wesentlich es ist, dass wir Kinder immer wieder einbeziehen, sie beteiligen und altersentsprechend informieren. Unnötige Sorgen, Verwirrung und belastende Bilder können so abgebaut werden. Kinder müssen sich mit ihren Ängsten nicht allein fühlen. Aber wie viele und welche Informationen können Kinder denn überhaupt verkraften, fragen Sie sich jetzt vielleicht. Was dürfen wir unseren Kindern denn zumuten, ohne dass sie Schaden nehmen?

Das sind berechtigte Fragen, auf die ich Ihnen sofort antworten möchte. Kinder bekommen viel mehr von dem mit, was um sie herum geschieht, als wir vielleicht manchmal glauben. Daher ist es besser, ihnen nichts zu verheimlichen, Halbwahrheiten oder gar die Unwahrheit zu erzählen. Konstrukte und Halbwahrheiten lassen sich dauerhaft nie aufrechterhalten und Kinder werden irgendwann bemerken, dass da etwas nicht stimmt. Häufig versuchen Bezugspersonen, bei konkreten Nachfragen des Kindes zu beschwichtigen: »Nein, nein, alles in Ordnung, alles gut.« Ein zumeist gut gemeintes Verhalten, was jedoch dazu führt, dass Kinder ihr Selbstvertrauen verlieren. Sie haben den Eindruck, dass etwas nicht stimmt, geben ihrem inneren Gefühl Ausdruck, wenden sich mit ihrer Sorge an eine wichtige Vertrauensperson und werden dann in ihrem Empfinden korrigiert. Kinder verlieren den Glauben an die eigenen Intuitionen, trauen sich selbst nicht mehr und sind, wenn sie die gut gemeinte »Lüge« entdecken, unglaublich enttäuscht. Die langfristigen Folgen sind ein Verlust an Selbstbewusstsein sowie der Vertrauensverlust gegenüber den wichtigsten Bezugspersonen.

➤ Seien Sie daher ehrlich zu ihrem Kind und informieren Sie es sachlich und altersgemäß zu Ereignissen und wichtigen Fragen, die das eigene Lebensumfeld und das Weltgeschehen betreffen. Überfordern Sie es aber auch nicht mit ausschmückenden Bildern und Bewertungen wie: »Das war ein schreckliches Blutbad, da flogen Arme und Beine durch die Luft.« Wenn Kinder mehr wissen möchten, werden sie nachfragen. Das kann auch längere Zeit später, wenn Sie selbst nicht mehr daran denken, der Fall sein.

3 Worum Kinder im Alltag trauern

Jeder Mensch macht im Laufe seines Lebens unzählige Trauererfahrungen. Trauer wird ausgelöst durch Verlust. Wir verlieren etwas, was uns wichtig und wertvoll war. Verluste sind Abschiede von Dingen, Menschen, Tieren, Träumen, körperlichen und geistigen Fähigkeiten, vom Arbeitsplatz, von Heimat und allem, womit wir uns innerlich verbunden fühlen und/oder was für uns sinngebend war. Dazu können auch gehören: das Ende der Kindergarten- oder Schulzeit, die Ablösung der Kinder von ihren Eltern und umgekehrt, das Ende einer Freundschaft, Trennung, Scheidung, Ausscheiden aus dem Berufsleben, Krankheit und Altern. Wir erleben leichte und schwere Verluste, die uns aus unserer Lebensbahn werfen können.

Natürliche Entwicklung und Abschied

Nach der Geburt, dem Abschied aus dem Mutterleib, der Entwöhnung von der Brust oder vom Schnuller sind Verlusterfahrungen in den ersten Jahren im Leben eines Kindes normalerweise ein Loslassen von Möglichkeiten einer Entwicklungsphase, von liebgewonnenen Gewohnheiten und von selbstverständlichen Sicherheiten eines Lebensabschnittes.

Diese natürlichen Entwicklungsübergänge sind gekennzeichnet durch ein Aufgeben von Fähigkeiten und stehen zugleich für den Gewinn neuer Fertigkeiten und Freiheiten. Ein Beispiel dafür ist die Entfaltung der Bewegungsfähigkeit. Bald nach dem Drehen folgt das erste Sitzen, das Krabbeln, Kriechen und später das Laufen. Damit geht eine Zeit zu Ende, in der das Kind hauptsächlich getragen wurde und durch die körperliche Nähe auf dem Arm einer Bezugsperson Schutz und Sicherheit erfahren hat. Das Kind ist nicht mehr ausschließlich auf die Bezugspersonen als Fortbewegungsmittel angewiesen. Mit der Zeit lernt das Kind, allein zu essen und zu trinken. Es nimmt Abschied von der Zeit, als es gefüttert wurde, und kann zugleich ein kleines Stück mehr für seine eigenen Bedürfnisse sorgen.

Verlust oder Bagatelle? – Das ist doch gar nicht schlimm

Wir begleiten unsere Kinder bei ihren persönlichen Abschieden nicht immer hilfreich. Das kann zum einen daran liegen, dass uns nicht bewusst ist, worum unsere Kinder in ihrem Lebensalltag trauern. Zum anderen empfinden wir vieles, was für Kinder eine Katastrophe ist, als gar nicht schlimm. Wir unterstellen dem Kind Übertreibung und bagatellisieren den Verlust. Sätze wie: »Das ist doch gar nicht schlimm!«, »Es gibt Schlimmeres!«, »Morgen hast du das wieder vergessen!« helfen dem Kind in seiner Situation nicht. Der Verlust von Kuscheltier Elmar kann das Kind furchtbar treffen. Aus unserer Sicht mag dies überhaupt kein dramatischer Verlust sein. Dieses Kuscheltier war alt und abgewetzt. Es war ein Billigteil aus einer Supermarktkette, leicht zu ersetzen und zudem hat das Kind doch schließlich noch 25 andere Stofftiere. Das ist unsere wertende Sicht! Das Kind fühlt ganz anders. Es hat eine völlig andere Bindung zum verlorenen Kuscheltier, die wir nicht einmal erahnen. Wissen wir denn, welche nächtlichen Ängste und Bedrohungen das Kind mit gerade eben diesem Tier durchgestanden hat? Genau darum vermisst es eben dieses Kuscheltier unendlich.

Im Folgenden möchte ich Hinweise auf mögliche Abschiede geben, die für Kinder in ihrem Lebensalltag eine wesentliche Bedeutung haben können. Ob es sich tatsächlich um einen Verlust, um eine als Belastung empfundene Lebensveränderung handelt oder eher nicht, hängt davon ab, ob das Kind diesen Abschied für sich persönlich als schmerzhaft erlebt oder nicht.

Verluste entstehen nur, wenn Menschen, ob kleine oder große, sich von etwas verabschieden müssen, etwas verlieren, dass sie nicht aufgeben möchten, an dass sie sich innerlich eng gebunden haben. Dieses »Verlassenmüssen« erzeugt quälenden Schmerz. Schmerz wiederum ist ein wesentliches Merkmal für einen Verlust, der in einem Trauerprozess bearbeitet werden muss. Folgerichtig bedeutet es, dass die genannten möglichen Verluste nicht zwangsläufig so empfunden werden müssen, sondern eben nur dann, wenn das Kind für sich schmerzvoll Abschied nimmt. Wir tendieren als Erwachsene dazu, die als schmerzhaft erlebten Trauerprozesse eines Kindes nicht wahrzunehmen, sie nicht ernst zu nehmen, sondern sie zu bewerten.

> Die vierjährige Hanna fährt mit ihrer Mutter mit dem Bus in die nächstgelegene Stadt. Hanna soll neue Winterschuhe bekommen. Wirklich Lust hat Hanna zu diesem Unternehmen nicht. Viel lieber hätte sie sich mit Max getroffen und mit ihm weiter an der Legolandschaft gebaut, mit der sie gestern begonnen hatten. Hanna ist wütend. Mama hätte doch auch ein anderes Mal mit ihr fahren können. Winter ist doch auch noch gar nicht. Sie will keine neuen Schuhe und Mama ist gemein. Immerhin begleitet Blacky, ihr Lieblingskuscheltier, ein schwarzes Pferd, sie bei diesem unangenehmen Ausflug. Blacky rettet Hanna immer, wenn es ihr nicht gut geht. Sie kennen sich schon ewig lange, denn Blacky war ein Geschenk zu Hannas Geburt. Er hört Hanna immer zu, kuschelt mit ihr, gibt ihr gute Ratschläge, schimpft auf blöde Leute und lässt sie niemals im Stich. Neben Max ist Blacky Hannas bester Freund. Hanna liebt Blacky. Im letzten Schuhgeschäft bekommen Hanna und Mama richtig Streit, weil Hanna die Nase voll hat und endlich nach Hause möchte. Sie hat genug Schuhe anprobiert und Mama hat genug Klamotten angeschaut. Als sie endlich wieder zu Hause sind, entdeckt Hanna, dass sie Blacky unterwegs verloren hat. Sie weint, brüllt, ist wütend auf sich und auf Mama, boxt Papa, als er nach Hause kommt und erklärt ihm, dass es Mamas Schuld ist, dass Blacky nicht mehr da sei. Hanna ist untröstlich und wird nochmals sehr wütend, als Papa ihr den Vorschlag macht, am nächsten Tag ein neues Kuschelpferd zu besorgen. Am Ende ist auch Papa wütend. Er wollte schließlich nur trösten. Sie solle sich mal wegen eines blöden Stofftieres nicht so anstellen, als ob die Welt unterginge. Das wäre doch völlig übertrieben, meint er am Ende. Es dauert Wochen, bis Hanna mit dem Verlust von Blacky zurechtkommt. Die ersten Tage kann sie gar nicht richtig einschlafen, Blacky fehlt ihr sehr. Ihren Vater meidet sie. In den Kindergarten will sie auch nicht. Am liebsten hält sie sich in ihrem Zimmer auf.

Das Beispiel macht deutlich, wie schwer es für Hanna ist, den Verlust ihres Kuscheltieres zu verkraften. Ein wichtiger Freund und Begleiter ist verloren gegangen. Der Vater kann nicht wirklich nachvollziehen, dass dieses unbelebte Stofftier für Hanna so bedeutsam ist, sie tatsächlich tief um den Verlust trauert, dass sie Zeit und Raum braucht, um dieser Trauer Ausdruck zu geben. Hätten die Eltern mehr sachliches Wissen zu kindlichen Trauerreaktionen und Trauerprozessen gehabt, wäre die Situation für alle leichter gewesen. Hanna hätte sich verstanden gefühlt in ihrem Schmerz. So machte ihr das Gefühl allein zu sein, nicht verstanden zu werden, es zusätzlich schwer.

Das Beispiel zeigt noch etwas Wesentliches: Wir alle müssen eine achtsame Haltung dafür entwickeln, was Menschen, ob jüngere oder ältere, für sich als tiefgreifenden Verlust empfinden. Was dem einen wertvoll und wichtig ist, kann für einen anderen gar nicht so kostbar sein. Nur weil uns selbst diese Sache, der Mensch, das Tier nicht so viel bedeutet, dürfen wir keinesfalls davon ausgehen, dass ein anderer Mensch nicht unglaublich unter dessen Verlust leiden kann. Wir dürfen niemandem seine Trauer absprechen, auch wenn wir selbst nicht um das Verlorene trauern würden. Das gilt für Kinder wie für Erwachsene. Hilfreich ist es, um Mitgefühl für den Verlust und die damit verbundenen Folgen des Gegenübers zu entwickeln, sich in die Lebenssituation des anderen zu versetzen. Ich glaube, dass daraus nicht nur ein besseres Verstehen der Belastungen von Kindern resultieren würde. Auch der Schmerz älterer Menschen, die ihre körperlichen Fähigkeiten, häufig ihr Zuhause, ihr soziales Umfeld verlieren, könnte mehr Verständnis, Mitgefühl und somit hilfreiche Unterstützung finden.

Wir können zwischen leichteren und schwereren Trauerprozessen unterscheiden. Das bedeutet, dass es dem Betroffenen bei einem leichten Verlust relativ schnell und mit nicht so großem psychischem und körperlichem Aufwand gelingt, den Verlust in sein Leben zu integrieren und damit zu leben. Auch hierzu möchte ich ein kleines Beispiel geben.

> Die dreijährige Nora kommt in den Kindergarten. Einerseits freut sie sich auf diese neue Erfahrung, auf die Kinder und die bisher unbekannten Möglichkeiten zum Spielen. Andererseits hat sie Sorge, ihr

Zuhause zu verlassen. Hier hat sie bisher die Vormittage mit Mama oder Oma verbracht. Sie hat immer gemütlich mit Mama oder Oma frühstücken können. Sie konnte lange baden, mit einkaufen gehen oder beim Kochen helfen. All das wird, wenn sie im Kindergarten ist, nicht mehr gehen. Es wird Veränderungen geben, und Nora muss sich zeitweise von den vertrauten Bezugspersonen trennen. Sie muss zunächst die vertraute Sicherheit und Geborgenheit verlassen und sich von gewohnten, liebgewonnenen Abläufen und Ritualen verabschieden. Das ist einerseits schmerzlich, andererseits spürt Nora auch Vorfreude auf das, was kommt. Als es soweit ist, gibt es viele Tränen. Nora weint, wehrt sich und möchte nun doch nicht mehr in den Kindergarten. Nachdem Noras Mutter ihr ausdrücklich versichert, dass sie ganz bestimmt gleich wieder kommt und die Zeit nicht zu lange sein wird, beruhigt sich Nora. Zugleich bindet die Erzieherin Nora ein. Sie wird von den Anregungen und Spielangeboten der anderen Kinder mitgerissen und Freude und Neugierde überwiegen wieder. Nora kann es inzwischen kaum erwarten, in den Kindergarten zu gehen.

Noras Mutter fällt der Abschied ebenfalls schwer. Sie muss damit zurechtkommen, ihr Kind in fremde Hände zu geben und lernen darauf zu vertrauen, dass Nora dort gut aufgehoben ist.

Elterlicher Abschied

Abschied nehmen ist nicht nur eine Entwicklungsaufgabe des Kindes. Uns Eltern stellt sich umgekehrt im Laufe der Beziehung zu unseren Kindern diese Aufgabe ebenfalls immer wieder. Sei es, wenn das Kind am Abend mit dem Babysitter zu Hause bleibt; sei es, wenn wir berufstätig sind und das Kind in der Kita oder bei einer Tagesmutter lassen, wenn das Kind die erste Nacht woanders verbringt, in die Schule kommt oder auf die erste Reise geht. Solche entscheidenden Veränderungen sind für uns ebenso Abschiede, eröffnen uns jedoch als Eltern zugleich neue Lebensräume und Freiheiten.

Deutlich wird, dass nicht nur das Kind mit den Aufgaben, die der Abschied stellt, beschäftigt ist, sondern Bezugspersonen ebenso. Die mit dem Abschied einhergehenden Gefühle und Gedanken und die daraus resultierenden Bedürfnisse spielen dabei eine wesentliche Rolle.

Schnell können wir durch eigene Ängste und Bedürfnisse diejenigen des Kindes aus den Augen verlieren. Unsere Haltung zu Ablöseprozessen beeinflusst die Verarbeitung des Kindes im Umgang mit Abschied und kann sie positiv unterstützen oder behindern. Informationen zum Themenfeld sowie die Auseinandersetzung mit diesen unseren Lebensthemen können einen bestmöglichen Umgang für das gesamte Familiensystem nur hilfreich fördern.

Trauern: um wen oder was?

Neben dem Verlust eines geliebten Spielzeugs wie bei Hanna kann das Verlassen einer vertrauten Umgebung, eines vertrauten Menschen (Abschied im Kindergarten oder am Schultor) oder die Abwesenheit einer Vertrauensperson (Vater oder Mutter sind bei der Arbeit, beim Sport, einer Einladung am Abend) als Verlust empfunden werden. Das Schlafengehen am Abend ist für kleine Kinder ein Abschiednehmen von Bezugspersonen und zugleich vom Tag.

Krank sein und Krankenhausaufenthalt

Trauerprozesse können entstehen, wenn ein Eltern- oder Geschwisterteil, ein naher Angehöriger oder guter Freund leicht oder auch schwer erkrankt ist. Manche Krankheiten oder Unfälle sorgen für die Abwesenheit eines bedeutenden Menschen, für längere Krankenhaus- und Reha-Aufenthalte. Die Gesundheit kann zeitweise oder sogar dauerhaft eingeschränkt sein. Die Situation bringt häufig weitere Konsequenzen und Verluste mit sich, die den Lebensalltag für das Kind verändern, z. B.: verlorene Familienstrukturen, verlorene familiäre Perspektiven und Zukunftsentwürfe, verlorene, gewohnte Rituale, fehlende Zuneigung und Fürsorge. Kinder sind mit einer neuen Lebenssituation konfrontiert, in der sie sich zurechtfinden müssen. Kinder können in Trauerprozesse geraten, wenn sie selbst krank sind und zeitweise oder dauerhaft körperliche und/oder geistige Fähigkeiten verlieren.

Ist ein Kind im Krankenhaus – und sei es nur für wenige Tage –, muss mit dem Abschied, wenn auch nur auf Zeit, von Zuhause zurechtkommen, mit dem viele zusätzliche Verluste einhergehen.

Es fehlen neben dem gewohnten Zuhause, den Menschen, die dazu gehören, auch vertraute Abläufe, sichere Gewohnheiten, liebevolle Zuneigung und Fürsorge. Jonas geht es so, der sich beim Spielen ein Bein gebrochen hat und nun nicht zum Fußballtraining gehen kann, oder Lisa, die ins Krankenhaus muss, weil ihr die Mandeln herausoperiert werden. Was die Situation für viele Kinder häufig erschwert und schlimme Ängste und Sorgen hervorruft, sind fehlende Vorbereitung auf und mangelnde Informationen für die bevorstehende Situation. Ängste, Sorgen und der Abschied auf Zeit könnten erleichtert werden, wenn es Erklärungen gäbe. Zum Beispiel zur Krankheit und deren Verlauf, den Perspektiven, den Abläufen im Krankenhaus, zu Sicherheiten usw.

➤ Wir sollten im Blick haben, dass mit einem Verlust häufig andere Verluste verbunden sind. Eben haben wir schon gehört, dass ein Kind mit dem Krankenhausaufenthalt der Mutter auch von vielem anderen Abschied nehmen muss. Für Hanna ist nicht nur das Stofftier zum Kuscheln weg. Mit Blacky geht ein zuverlässiger Zuhörer und Freund verloren.

Haustier, Umzug, Geschwister

Kinder trauern möglicherweise um ein geliebtes Haustier, das weggelaufen, erkrankt oder gestorben ist oder das verkauft werden muss. Sie trauern, wenn sie Abschied nehmen müssen von geliebten Menschen, weil sie selbst oder andere umziehen müssen. Kinder können auch die Geburt eines Geschwisters als schmerzhaften Verlust erleben, wie das folgende Beispiel zeigt.

> Laura (vier Jahre) hat seit sechs Wochen einen kleinen Bruder. Sie hat sich auf Ben gefreut, verhält sich jedoch inzwischen für die Eltern besorgniserregend. Sie möchte ebenfalls wieder gefüttert werden. Nachts nässt sie gelegentlich ein und spricht häufig in Babysprache. Die Eltern, die sich gerade an die neue Situation mit zwei Kindern und die damit verbundenen Anforderungen im Alltag gewöhnen, die ihre Partnerschaft, ihre Berufstätigkeit und die Familie neu ordnen müssen, nehmen Lauras Verhalten als belastend und störend wahr. Laura hingegen erlebt die Geburt ihres Bruders

> Ben als vielfältigen Verlust mit weitreichenden Konsequenzen für ihr emotionales und praktisches Leben. Mit der Geburt von Ben gehen ihr die uneingeschränkte Aufmerksamkeit und Fürsorge der Eltern, Großeltern und teilweise sogar des sozialen Umfelds verloren. Wichtige Bestätigungen aus dem Umfeld müssen von nun an geteilt werden. Die Eltern haben sich verändert. Es sind nicht mehr die Eltern, die Laura vor der Geburt des Bruders kannte. Sie sind oft müde, beschäftigen sich immerzu mit Ben und reagieren Laura gegenüber ungehalten. Laura hört den Satz: »Du bist doch schon groß, das schaffst du schon allein.«
>
> Wenn jemand fragt, wie es der Familie geht, sprechen die Eltern viel von Ben, nicht wie früher von Laura. Ben bekommt ständig neue Sachen geschenkt, obwohl er damit noch gar nicht spielen kann. Laura hat das Gefühl, von den anderen vergessen worden zu sein. Sie fühlt sich allein gelassen und möchte auch lieber wieder klein sein, damit sich alle um sie kümmern, wie sie es jetzt mit Ben tun.

Kinder erleben oft Abschiede, die wir gar nicht wahrnehmen. Häufig ist es schwer, diese schmerzhaften Veränderungsprozesse überhaupt zu erkennen, weil Kinder unspezifisch reagieren. Ein weiterer wichtiger Aspekt, der Beachtung finden muss, geht aus dem oben genannten Praxisbeispiel hervor. Ganz einfach: Bezugspersonen sind auch nur Menschen!

Damit soll gesagt sein, dass wir sicherlich Ansprüche an eine gute Begleitung und Erziehung unserer Kinder haben sollten, wir aber nicht vergessen dürfen, dass wir selbst eigenen Belastungen und Grenzen ausgesetzt sind. Wir sollten nicht zu hart mit uns selbst sein, wenn wir feststellen, dass wir schmerzhafte Abschiede unseres Kindes vielleicht nicht sofort wahrgenommen und begleitet haben. Es ist verantwortliches Handeln, wenn wir spüren, dass wir in einen Grenzbereich der Belastbarkeit geraten, und dann dafür sorgen, dass wir unsere Energiedepots wieder auffüllen und vielleicht zeitweise ein anderes Familienmitglied mehr Verantwortung übernimmt. Auf die eigene seelische und körperliche Gesundheit zu achten, kommt letztendlich unseren Kindern wieder zugute.

Und noch mehr Abschied und Verlust

Kinder leiden unter Veränderungen und trauern: z. B., wenn sie ihr Zuhause aufgeben müssen, wenn Eltern sich trennen, wenn der große Bruder oder die ältere Schwester auszieht, wenn der Opa oder die Oma ins Altersheim kommen und deren gewohntes Zuhause aufgelöst wird, wenn ein Schulwechsel ansteht. Sie trauern, wenn die geliebte Erzieherin in eine andere Einrichtung wechselt, oder vielleicht, weil sie einfach nur lange Urlaub hat und deshalb fehlt. Kinder trauern um den Freund, den sie im Urlaub kennengelernt haben und den sie nun wieder verlassen müssen. Sie leiden und trauern, wenn die schöne Ferienzeit, die Kindergarten- oder Schulzeit zu Ende geht – oder wenn sie sich verlaufen haben. Kinder trauern um ihre verlorenen Zähne, um Haare, die zu kurz geraten sind, um einen kaputten Stift, die Schokolade, die der kleine Bruder einfach aufgegessen hat, um die zu heiß gewaschene Hose, die nun nicht mehr passt, oder das Fahrrad, dass beim Sturz kaputt gegangen ist. Kinder trauern, wenn Eltern ihre Liebe entziehen, sie Anerkennung in der Tanzgruppe oder dem Sportverein verlieren, wenn sie Ziele, die sie sich gesteckt haben, nicht erreichen oder häusliche Sicherheiten aufgeben müssen. Kinder wie Erwachsene trauern um Verlorenes wie die verlorene Liebe, um Zärtlichkeit und Zuneigung, um Vertrautes, um Sicherheit, um verpasste Chancen, um nicht gesagte Worte, um zerplatzte Träume und Zukunftsperspektiven, um nicht gelebte Beziehungen, um nicht vorhandene Möglichkeiten, verlorenen privaten oder den weltlichen Frieden.

> David (acht Jahre) trauert sehr intensiv um die nicht gelebte Beziehung zu seinem leiblichen Vater. Die Eltern haben sich kurz nach seiner Geburt getrennt. Der Vater ist ins Ausland gezogen und hat sich nicht mehr gemeldet. Immer wieder setzt sich David damit auseinander, wie es gewesen wäre, wenn er einen Vater gehabt hätte. Bestimmt hätte er ihn auf den Schultern getragen, so wie Friedrichs Vater das macht. Ein Vater, mit dem er hätte Fußball spielen können, der mit ihm toben würde, mit dem er sein Fahrrad hätte reparieren können. Er vermisst den Vater und trauert darum, dass er ihn nie kennenlernen konnte.

Viele Abschiede begleiten und beschäftigen uns ein Leben lang, einige prägen sich mit den einhergehenden Gefühlen tief in unsere Seele ein.

> Ich selbst habe bis heute eine Verlustsituation, die ich als Kleinkind erfahren habe, nicht vergessen. Ich war mit meinen Eltern in der Stadt. Wir machten einen Sonntagsspaziergang. Das Wetter war schön, ich froh gelaunt und kindlich übermütig. Ich lief meinen Eltern voraus und hörte nicht, als sie riefen, ich solle stehen bleiben und warten. Sie warnten mich, wenn ich nicht stehen bliebe, würden ich sie verlieren. Tatsächlich, als ich mich einige Minuten später umschaute, waren meine Eltern spurlos verschwunden. Ich lief zurück, suchte, rief nach ihnen, aber bekam keine Antwort. Meine Verzweiflung und Panik waren groß. Ich hatte meine Eltern verloren, ich war allein auf dieser Welt. Ob ich sie jemals wiedersehen würde, konnte ich in meiner kindlichen Sorge und großen Furcht nicht beurteilen. Dazu fehlten mir noch die kognitiven und emotionalen Fähigkeiten. Als mich in meiner Verzweiflung ein fremder Mann ansprach, kamen meine Eltern aus ihrem Versteck. Sie hatten mich beobachtet und hatten mir eigentlich mit ihrem Verschwinden deutlich machen wollen, dass ich nicht einfach vorlaufen dürfe. Sie hatten nicht damit gerechnet, dass ich mit einer so starken grundsätzlichen Verlustangst reagieren würde. Ihre Erschütterung war groß, und es tat ihnen leid, dass sie mich, wenn auch nur wenige Minuten, so geängstigt hatten. Mir kamen diese Minuten wie eine Ewigkeit vor und die Angst und der Schmerz dieses Ereignisses haben sich bis heute eingebrannt. Von da an hing ich ihnen, aus Angst sie zu verlieren, erst einmal am »Rockzipfel«. Es dauerte einige Monate, bis ich wieder so viel Vertrauen und Sicherheit spürte, um mich aus der Nähe meiner Eltern zu lösen.

Fehlende Beurteilungsmöglichkeiten

Kinder verfügen noch nicht über das logische Denken und das Zeitempfinden eines Erwachsenen. Zudem fehlen sachliches Wissen und emotionale, kognitive Fähigkeiten, um bestimmte Ereignisse und ihre Folgen einordnen zu können. Ich wusste damals nicht, dass meine Eltern keineswegs einfach verschwinden würden. Ich hatte mit starken Trauerreaktionen zu kämpfen, die der Glaube, meine Eltern verloren zu haben, ausgelöst hatte. Dass ich auf deren Existenz angewiesen war, war mir schon bewusst. Daher brachen die Panik und die Angst so stark aus mir heraus.

Sicherlich sind hiermit noch immer nicht alle schmerzlichen Verluste benannt, die Kinder treffen, die bearbeitet und betrauert werden müssen. Kinder trauern, wenn Eltern sich trennen, wenn nahestehende, geliebte Menschen sterben. Und sie trauern, wenn sie selbst sterben müssen. Mit der Trennung der Eltern und dem Tod eines nahestehenden Menschen werden wir uns in weiteren Kapiteln noch einmal etwas genauer befassen.

Die Vielzahl von Verlusten, die wir bisher angeschaut haben, zeigen, wie sehr letztendlich unser Leben von Abschied geprägt ist. Das Abschiednehmen hört niemals auf. Deshalb ist es nur sinnvoll, sich diesem Lebensthema zu stellen und sich darüber zu informieren. Abschied ist das einzig Sichere, worauf wir uns in unserem Leben verlassen können. Nichts bleibt, wie es ist, alles verändert sich, und irgendwann müssen wir alle Abschied nehmen von uns lieben Menschen und unserem eigenen Leben.

4 Was ist denn Trauer überhaupt?

Um Trauerreaktionen und Trauerprozesse, die Kinder in ihrem Alltag immer wieder beschäftigen, zu verstehen, und um zu würdigen, dass sie dann körperlich und seelisch anstrengende Trauerarbeit leisten, ist es hilfreich, Grundsätzliches zu Trauer zu erfahren.

Je genauer wir wissen und fühlen, was Trauer eigentlich ist, desto wirksamer und zielgerichteter können wir uns selbst und unseren Kindern helfen. In meinen Seminaren erlebe ich immer wieder, dass es Menschen unabhängig von ihrer beruflichen Tätigkeit oder ihrer Ausbildung schwer fällt, sachliche Informationen zu Trauer, Trauerprozessen und Trauerreaktionen zusammenzustellen. Es fehlt an Wissen. Was wir wissen, ist manchmal sehr diffus und durcheinander, ohne Struktur. Wir sollten deshalb etwas Ordnung in dieses Chaos bringen, denn dann gestaltet sich der Umgang mit Trauer leichter.

Im Kapitel 1 haben wir unsere Kindheit unter dem Aspekt betrachtet, unbearbeitete Verluste aufzudecken, Übertragungen zu vermeiden und eigene Erfahrungen auszuwerten. Darüber hinaus können wir mit sachlichem Wissen nicht nur kleinen und großen Trauernden hilfreich begegnen, sondern unsere Trauer und deren Bearbeitung neu einordnen und Zusammenhänge begreifen, die zuvor vielleicht unverständlich waren. Informationen helfen, Trauersituationen für Kinder zu erkennen, ihr Verhalten einzuordnen und hilfreich zu unterstützen. Hanna hätte es zum Beispiel in ihrer tiefen Trauer um Blacky geholfen zu hören, dass die Trauer sich auch wieder ändert. Dass sie nicht für immer so unendlich traurig und verzweifelt sein wird, dass es jetzt aber so sein darf. Es hätte ihr gut getan, wenn die Eltern anerkannt hätten, dass der Verlust von Blacky für Hanna tatsächlich unglaublich schmerzhaft ist.

Auch kleine Verluste tun weh

Trauer ist grundsätzlich schmerzhaft. Sie ist ein Lebensthema und Bestandteil unseres Lebens. Und das von Beginn an, denn sogar Babys erleben bereits Verlustängste. Verlusterfahrungen machen wir alle zwangsläufig in unserem Leben – ausnahmslos, Kinder, Jugendliche und Erwachsene, immer und immer wieder. Jeder Lebensweg ist geprägt von großen und kleinen Abschieden. Insofern ist es erstaunlich, dass der Themenkomplex »Trauer und Trost« noch immer zu den gesellschaftlich ausgegrenzten Themen gehört. Manche Verluste können wir leicht verkraften und wir haben uns schnell an die veränderte Lebenssituation gewöhnt, die der Verlust mit sich gebracht hat. Andere Verluste sind schwerer zu bearbeiten, es braucht Zeit sich wieder zurechtzufinden. Der Tod eines nahestehenden Menschen ist eine sehr einschneidende und schmerzvolle Verlusterfahrung. Eines ist wesentlich: Jeder Verlust ist schmerzhaft.

Um was getrauert wird, ist ganz verschieden

Menschen trauern um ganz unterschiedliche Dinge, Tiere und Menschen. Die Möglichkeiten, die Trauer auslösen, sind so gesehen unbegrenzt. Selbst wenn ein Mensch stirbt, trauern nicht alle aus dem Lebensumfeld des Verstorbenen in der gleichen Art und Intensität, denn jeder war anders mit dem Verstorbenen verbunden. Trauer ist immer ein ganz subjektives Empfinden und wird individuell bearbeitet. Dennoch lassen sich Parallelen und ähnliche Themen in Trauerprozessen feststellen.

Bitte merken Sie sich, dass nicht jeder Abschied als Verlust empfunden wird und somit einen Trauerprozess auslöst. Erinnern Sie sich daran, dass wir festgestellt haben, dass Trauer nur dann entsteht, wenn kleine oder große Menschen etwas verlieren, mit dem sie in enger Beziehung standen und das sie nicht aufgeben möchten. Der eine Mensch trauert um die verlorene Kette, die er zur Kommunion von der Oma bekommen hat, dem anderen macht dieser Verlust hingegen gar nichts aus. Die Kette gefiel ihm nicht und zu der Oma hat er auch keine besonders innige Beziehung. Kinder trauern um Dinge oder Lebensumstände, die wir als Erwachsene nicht wichtig finden, denen wir keine oder kaum Bedeutung zumessen. Jonas ist beispielsweise unendlich traurig, weil sein bestes Rennauto kaputt gegangen ist. Lisa wiederum trauert, weil sie nicht auf den Geburtstag der besten Freundin gehen kann. Sie ist gerade dann mit ihren Eltern in den Ferien. Lieber bliebe sie wegen des Geburtstags sogar zu Hause. Larissa empfindet es hingegen als großen Verlust, dass ihr blaues Lieblingskleid zu klein geworden ist und sie es nicht mehr tragen kann. Nicht umsonst vergleichen wir Verluste mit dem Weltuntergang. Spüren wir, wie tief ein Mensch durch den Verlust betroffen ist, versuchen wir häufig, darüber hinwegzutrösten. »Das ist aber doch kein Weltuntergang, nimm es nicht so schwer, es gibt Schlimmeres.« Und noch etwas: Um wen oder was wir trauern, das wandelt sich im Laufe unseres Lebens, denn in jeder Alters- und Entwicklungsphase verändern sich unsere Beziehungen und Bindungen. Wir nehmen die Welt um uns herum anders wahr. Manches wird unwichtiger, anderes wichtiger. Vieles rückt durch unser hinzugewonnenes Wissen und unsere Erfahrungen in ein anderes, neues Licht. Damit erklärt sich, warum wir es als Kind zunächst wie einen Weltuntergang erlebt haben, wenn die Mutter uns im Kindergarten abgegeben hat, oder warum es uns heute nicht mehr aus der Bahn werfen würde, wenn der Lieblingspulli verloren ginge. Das hängt mit unseren persönlichen Werten und Bindungen zusammen, die sich im Laufe des Lebens eben auch wandeln können und dürfen. Die Zeit der bestehenden Bindung spielt für den empfundenen Schmerz keine wesentliche Rolle. Was zählt, ist die innere Verbundenheit zu dem, was verloren ist.

> Luna ist seit Tagen gereizt, weint sehr schnell, will nicht in den Kindergarten und möchte sich auch nicht mehr zum Spielen verabreden. Ihre Eltern können dieses Verhalten nicht einordnen, vermuten Konflikte oder Streit mit anderen Kindern in der Kita. Erst nach einem Gespräch mit den Erziehern stellt sich heraus, dass Luna wohl unendlich traurig ist, dass die junge Praktikantin die Einrichtung nach sechs Wochen wieder verlassen hat. Luna hatte eine enge Beziehung zu dieser Praktikantin aufgebaut und empfindet den Abschied als sehr schmerzhaft.

Das Beispiel zeigt, dass Trauerreaktionen für die Bezugspersonen manchmal schwer einzuordnen sind und dass Trauer schmerzhaft sein kann, obwohl die Beziehung zeitlich gesehen nicht lange bestand. Die enge und als positiv empfundene Bindung zwischen Luna und der Praktikantin löst bei Luna die Trauerreaktionen aus.

> Patrik trauert ebenfalls. Seine Tagesmutter Karla möchte ihre Tätigkeit wegen ihrer Schwangerschaft beenden. Patrik reagiert bei der Überbringung der Nachricht sehr ruhig und gefasst. Schnell wendet er sich wieder seinem Spiel zu. In den nächsten Wochen verhält er sich Bezugspersonen gegenüber sehr ablehnend und zeigt anhaltend aggressives Verhalten. Patrik ist wütend, weil Karla ihn verlassen wird. Er muss sich gegen seinen Willen verabschieden. Neues, Unbekanntes kommt auf ihn zu, ohne dass er darum gebeten hat. Diese Situation verunsichert ihn, und er ist zornig auf die, die ihm das antun. Auf Karla, weil sie ihn verlassen will, seine Eltern, weil sie das zulassen, und vor allem das Baby. Das ungeborene Baby ist der Hauptgrund für dieses Desaster. Ohne das Baby gäbe es die Sorgen gar nicht. Es ist seine Schuld, deshalb muss es weg, darf erst gar nicht auf diese Welt kommen. Patrik hat, um der schmerzhaften Veränderung aus dem Weg zu gehen, seine eigene Lösung gefunden. In seiner Wut und Verzweiflung denkt Patrik, dass es besser wäre, wenn dieses blöde Baby erst gar nicht geboren würde. Dann könnte alles so bleiben wie bisher.
>
> Tragisch dabei ist letztendlich, dass Karla tatsächlich ihr Baby verliert und bei Patrik bleibt. Jetzt ist Patrik mit seinen Gedanken und Sorgen allein. Über all das kann er mit niemandem sprechen. Er schämt er sich zu sehr und kann das, was ihn bewegt, nicht in Worte fassen. Starke Schuldgefühle plagen ihn, weil er glaubt, den Tod des Babys durch seine Gedanken verursacht zu haben. Er schläft schlecht, wacht immer wieder auf und hat Angstträume. Es ist seine Schuld, dass Karla ins Krankenhaus musste und jetzt so unendlich traurig ist. Patrik ist oft müde, unzugänglich und wirkt sehr in sich gekehrt. Karla und seine Eltern machen sich Sorgen um ihn. Erst eine professionelle Unterstützung bringt das ganze Ausmaß von Patriks tiefer Not zutage. Patrik erfährt Hilfe und hört, dass er keine Schuld am Tod des ungeborenen Kindes hat. Nach

einiger Zeit spielt er wieder unbeschwert und fröhlich. Zudem hat er gelernt, dass er Erwachsenen, denen er vertraut, von seinen Befürchtungen erzählen kann, sich manches dadurch klärt und es leichter ist, Sorgen zu teilen, als sie allein mit sich auszumachen.

➤ Sollten Sie bei Ihrem Kind Verhaltensweisen wahrnehmen, die Ihnen ernsthafte Sorgen machen, und haben Sie den Eindruck, Ihrem Kind nicht helfen zu können, möchte ich Sie dazu ermutigen, ebenfalls professionelle Unterstützung in Anspruch zu nehmen. Manchmal hilft eine fachliche Sicht von außen, um Zusammenhänge zu klären und das Kind zu unterstützen.

Und doch ist Zeit wesentlich

Die Zeit der Verbundenheit ist nicht wesentlich, was die Intensität des Schmerzes angeht. Für den Trauerprozess an sich spielt der Zeitfaktor aber eine wichtige Rolle. Viele Menschen fragen immer wieder: »Wie lange dauert Trauern denn eigentlich? Wann ist die Trauer zu Ende? Hat sie ein Ende?« Darauf gibt es keine pauschale Antwort, denn Trauerprozesse lassen sich nicht in zeitliche Gesetzmäßigkeiten pressen. Trauer gehört einfach immer wieder zu unserem Leben, ist Teil unseres Lebens. In der Trauerforschung wurde festgestellt, dass Trauer nach einem schweren Verlust viel länger dauert, als bisher angenommen, und dass manche Trauerprozesse nie ganz beendet sind. Kinder, die um einen Elternteil trauern, werden sich immer wieder, lebenslang, mit diesem Verlust neu auseinandersetzen. Erstens, weil sie je nach Alter und Entwicklungsstufe den Verlust nach und nach begreifen und ihnen mit zunehmendem Alter mehr emotionale wie kognitive Fähigkeiten zur Verfügung stehen. Zum Zweiten wird es Augenblicke und Zeiten geben, in denen sie der Verlust, die Sehnsucht nach dem geliebten Menschen, das Fehlen des Elternteils immer wieder schmerzhaft berühren. Häufig gerade dann, wenn besondere Lebensereignisse anstehen, an denen Eltern im Normalfall teilhaben. Das kann zum Beispiel der Schulabschluss sein, der erste Freund, die erste Freundin, die Hochzeit oder etwa die Geburt eines Kindes. Die Trauer um die nicht gelebte Elternbeziehung wird immer wieder schmerzhaft zum Leben des Kindes gehören, unabhängig davon, wie alt es ist.

Insofern ist es wesentlich zu wissen, dass schwere Verluste immer wieder neu betrauert werden können. Gesamtgesellschaftlich und im sozialen Umfeld muss eine Anerkennung für solche Trauerprozesse bestehen. Ansonsten wird der Trauerprozess für Betroffene unnötig erschwert.

Verschobene Trauerprozesse

Sicher interessiert es Sie auch zu hören, dass Menschen manchmal erst nach längerer Zeit beginnen, den Trauerschmerz zu spüren oder sich erst später mit ihrer Trauer befassen können. Hier ist ein Aspekt wesentlich, der in der gesamten Trauerbegleitung eine zentrale Rolle spielt: nämlich vorurteilsfrei wahrzunehmen. Es ist nicht gut oder schlecht, wenn Menschen sich zunächst nicht mit ihrer Trauer beschäftigen können. Die Trauer zu verschieben, kann ein Schutz vor zu großer Belastung sein. Leichtere Verluste benötigen weniger Zeit und Raum, um in das Leben integriert zu werden. Es gelingt schneller, sich an das Leben ohne das Verlorene anzupassen, und der Trauerschmerz ist irgendwann nicht mehr spürbar oder ganz vergessen. Trotzdem kann ein Verlust aus der Kindheit, der uns vielleicht sogar banal erscheinen mag, noch im Erwachsenenalter nachschwingen und Schmerz auslösen. In meinen Fortbildungen erlebe ich das immer wieder.

Ich möchte das Gesagte mit einem Bild verdeutlichen. Gern vergleiche ich die Trauer mit einem Fels, der anfangs wie ein großer, schwerer Block auf uns lastet, der uns hemmt in unserem Tun, der schmerzt und uns ängstigt. Wir haben möglicherweise das Gefühl, nicht mehr atmen zu können, können uns nicht vorstellen, wieder aufzustehen, zu gehen oder uns jemals wieder unbeschwert zu freuen. Nichts bleibt wie es ist, auch die Trauer nicht. Sie wandelt und verändert sich. Irgendwann ist sie dann ein Stein in unserer Tasche, der zu uns gehört, mit dem wir wieder lachen, springen, laufen, leben können. Dann und wann drückt uns dieser Stein und erinnert uns schmerzhaft an den erlebten Verlust. Manchmal spüren wir diesen Stein gar nicht mehr. Ich glaube, im Laufe unseres Lebens sammeln sich einige solcher Steine an, die uns begleiten, die uns aber nicht darin hindern, ein erfülltes Leben zu führen.

Auch die Trauer um einen geliebten Menschen wandelt sich. Anfangs erscheint es kaum möglich, diesen tiefen Kummer und Schmerz auszuhalten, ihn zu überleben. Fast unvorstellbar, nicht daran zu zerbrechen. In meinen Begleitungen durfte ich schon viele Male miterleben, dass es möglich ist, mit einem schweren Verlust leben zu lernen und wieder Glück und Freude zu empfinden.

Schwere und leichte Verluste durchleben dürfen

Wir können Kinder für die Herausforderungen des Lebens stärken, wenn wir sie ihre Verluste bearbeiten lassen. Kinder brauchen die Erlaubnis ihrer Bezugspersonen, um ihre Gefühle ausdrücken und durchleben zu können. Häufig blockieren wir mit Phrasen, die wir aus unserer eigenen Erziehung übernommen haben, diese Erlaubnis. »Es hilft nichts, traurig zu sein, die Puppe ist nun mal kaputt.« – »Du musst nicht wütend sein auf Benny, er ist schließlich noch klein, er konnte das nicht wissen.« – »Weinen hilft ja eh nicht!« Ohne unsere Erlaubnis und die Bereitschaft unserer zuverlässigen Unterstützung auch in Zeiten von verwirrenden Reaktionen und Verhaltensweisen kommen Kinder mit ihren persönlichen Verlusten schwerer zurecht.

Trauern ist ganz natürlich

Trauer ist eine ganz natürliche, lebenserhaltende Reaktion auf einen Verlust. Manchmal haben Eltern oder Bezugspersonen Sorge, dass ihr Kind nicht normal ist, wenn sie mit den Trauerreaktionen ihres Kindes auf einen Verlust konfrontiert werden. Vielfach erkennen wir Trauerprozesse als solche erst gar nicht und bleiben bei der Wahrnehmung der reinen Trauerreaktionen (Wut, Aggression, Lachen). Trauerreaktionen können beängstigend oder verwirrend sein für das soziale Umfeld, aber auch für den Betroffenen selbst. Gerade Kinder, die ihre Trauer eher über ihr Verhalten zeigen, irritieren uns Erwachsene schnell.

> Marlene (sechs Jahre) ist selbst erstaunt, dass sie ihren Mitschüler Simon verprügelt hat, der ihr den Füller abgenommen und auf den Boden geworfen hat. Beim Aufprall ist der Halter abgebrochen und

Marlene war außer sich vor Wut. Den Füller hatte sie von Oma zur Einschulung bekommen. Sie hing an dem Füller und ist deshalb ganz besonders sorgfältig damit umgegangen. In ihrem Zorn darüber, dass der Füller jetzt kaputt ist, schlägt sie blindlings zu. Dass Simon verspricht einen neuen Füller zu kaufen, hält sie nicht davon ab, weiter auf ihn einzuschlagen.

Robin (sechs Jahre) zerstört den Gemüsegarten seiner Oma. Seine Eltern sind aufgebracht und verstehen ihren Sohn überhaupt nicht. Wie konnte er so etwas tun, gerade jetzt, wo es der Oma nach einem Sturz so schlecht geht und sie im Krankenhaus liegt. Die Ärzte konnten bisher noch nicht sagen, ob sie je wieder allein in ihrem Haus wird leben können.

Eigentlich ist es sehr leicht zu verstehen, warum Robin so reagiert. Er liebt seine Oma. Seit seinem vierten Lebensjahr ist er jede Woche einen Tag bei ihr. Sie fehlt ihm. Besuchen darf er sie nicht, dafür geht es ihr zu schlecht, sagen die Erwachsenen. Warum musste die Oma auf die Leiter steigen? Sie ist schuld, dass Robin jetzt allein sein muss an den Donnerstagen, wenn Mama arbeiten geht. Das ist schrecklich. Robin fühlt sich allein und vermisst seine Oma ganz furchtbar. Vielleicht muss sie sogar vom Krankenhaus in ein Altersheim. Das hat Robin aus den Wortfetzen der Erwachsenenunterhaltungen mitbekommen. Dann muss er wohl in die Offene Ganztagsschule – da will er gar nicht hin. Robin trauert und ist wütend. Auf die Oma, auf seine eigene Hilflosigkeit. Die Oma trifft er am besten mit dem Gemüsegarten, den braucht sie ja eh nicht mehr. Robin zerstört ihn in seiner tiefen Verzweiflung. Er braucht jetzt Beistand und keine Eltern, die ihn für sein Verhalten bestrafen.

➤ Es ist wichtig, Trauerreaktionen zu kennen. Marlene und Robin reagieren ganz normal auf ihre Trauer. Wir können trauernde Kinder besser verstehen, ihnen mehr Verständnis und Toleranz entgegenbringen, ihnen mit mehr Gelassenheit beistehen, wenn wir um mögliche Reaktionen bei Trauer wissen.

Trauern kostet Kraft

Trauern kostet seelische und körperliche Kraft, denn Trauer erfasst den Menschen als Ganzen. Manchmal können Verluste Menschen, ob kleine oder große, an körperliche und seelische Grenzen bringen.

Trauer ist ein Lebensthema

Verluste und Abschiede prägen unser gesamtes Leben. Wie Rilke es sehr poetisch ausdrückt, blüht die Blume des Abschieds immer und sendet ihren Blütenstaub, selbst dann, wenn wir gerade gar nicht daran denken und glauben, Abschied sei fern.

Trauer ist keine Krankheit, sondern ein ganz normaler Prozess nach einem Verlust, den jeder Mensch immer und immer wieder durchlebt. Aus meiner Sicht haben Entwicklungsprozesse auch viel mit Trauerprozessen zu tun. Verluste als zum Leben gehörig zu akzeptieren, sie in das eigene Lebensgefüge zu integrieren, damit verbundene Herausforderungen anzunehmen und einen bestmöglichen Umgang mit dem Verlust und seinen Konsequenzen zu finden, hängt auch immer wieder mit persönlicher Entwicklung zusammen. Vielleicht bedeutet Trauern sogar, dass wir uns auf das Leben einlassen.

Verluste sind Übergänge

Verluste und Abschiede sind Zeiten von Übergängen, leichteren oder schwereren. Sie sind unumgänglich. Wir müssen Gewohnheiten aufgeben, neue Fähigkeiten entwickeln, lernen, uns immer wieder zu verabschieden und neue Wege zu betreten. Unser Leben verläuft nicht statisch, es ist im Fluss, ist in Bewegung und in ständiger Veränderung. Sich diesem fortwährenden Kommen und Gehen zu stellen, ist unsere Lebensaufgabe, damit wir uns weiter entwickeln, entfalten und uns den sich immerfort veränderten Lebensbedingungen und Herausforderungen neu anpassen. Ich glaube, wenn wir unser Leben aus dieser Perspektive betrachten, wird vieles leichter zu ertragen und andererseits nehmen wir die Kostbarkeiten des Augenblicks viel mehr wahr.

Trauer braucht Ausdruck

Trauer um einen Verlust braucht Ausdruck. Kinder wie Erwachsene brauchen deshalb die Möglichkeit, die mit dem Verlust verbundenen Gefühle, Gedanken und eventuellen Sorgen verbal oder nonverbal auszudrücken. Das Verlorene muss als Verlust gewürdigt und anerkannt werden. Wir dürfen nicht unsere persönlichen Maßstäbe für das Verlusterleben anderer anwenden.

> Tessa (fünf Jahre) hat lange, blonde Haare. Sie geht mit ihrer Mutter zum Friseur, um die Spitzen schneiden zu lassen, damit die Haare gesund bleiben. Der Friseur schneidet für Tessas Empfinden viel zu viel ab. Tessa reagiert wütend und traurig. Sie schimpft und weint gleichzeitig. Mutter und Friseur versuchen sie zu trösten. Das funktioniert gar nicht, im Gegenteil. Tessa wird danach erst richtig wild. Das Trösten funktioniert deshalb nicht, weil die Erwachsenen Tessas Trauer um die verlorenen Haare nicht ernst nehmen. Mit Worten wie: »Die wachsen doch wieder nach, jetzt reg dich doch nicht auf. So schlimm ist es doch überhaupt nicht. Sieht doch auch viel besser aus so.« gelingt es ihnen nicht, Tessa zu beruhigen. Sie zeigen mit diesen Worten eher, dass sie Tessas Trauer um das Verlorene nicht akzeptieren, ihr die Trauer sogar versuchen abzusprechen. Das spürt Tessa und reagiert wütend. Hilfreicher wäre es gewesen, den Verlust wahrzunehmen, anzuerkennen und die Trauer zuzulassen. »Es tut mir leid, dass dir die Haare jetzt zu kurz sind. Ich kann verstehen, dass du enttäuscht und traurig darüber bist, weil du dir die Frisur anders vorgestellt hast und wir das jetzt nicht mehr rückgängig machen können. Das tut mir leid. Ich habe es gut gemeint und kann dir jetzt nur anbieten, dass wir uns beim nächsten Mal vorher besser absprechen.«

Trauer aktiv gestalten

Verluste haben immer auch damit zu tun, dass uns etwas wiederfährt, was wir nicht verhindern, momentan ändern oder in diesem Augenblick nicht anders entscheiden können. Wir erleben auch Verluste, die durch unsere Entscheidungen entstehen.

> Ich erinnere mich bis heute, noch immer ein Stückchen traurig, daran, dass ich als Kind, ich war ungefähr sieben Jahre, einmal sehr wütend war und in meiner Wut ein Portemonnaie an die Wand geworfen habe. Es war ein sehr besonderes Portemonnaie in zweierlei Hinsicht. Es war optisch ganz ausgefallen gestaltet, aus Draht und zudem ein Geschenk meiner Tante, die in England lebte. Ich trauerte um diese Geldbörse, die ich selbst zerstört hatte. Das war zwar nicht meine Absicht, aber ich war sehr traurig, zumal sich das Portemonnaie nicht mehr reparieren ließ. Später hätte ich es gern als Andenken an meine Tante gehabt.

Ich trauerte, auch wenn ich selbst die Ursache dafür herbeigeführt hatte. So kann es Ihrem Kind oder Ihnen selbst gehen.

Manchmal geht es um Verluste, die wir selbst ausgelöst haben. Frauen, die ein Kind abgetrieben haben, sich dafür entschieden haben, das Kind nicht zu bekommen, können dennoch darum trauern. Auch diese Trauer braucht Anerkennung.

Mit dem Verlusterleben gehen meist Gefühle der Hilflosigkeit, der Ohnmacht oder des Ausgeliefertseins einher. Daher ist es wichtig, Gefühle zu aktivieren, die diesen Empfindungen entgegenwirken und uns zeigen, dass wir zwar manches nicht rückgängig machen können, dem Geschehen aber nicht gänzlich ausgeliefert sind. Es ist wesentlich zu spüren, dass wir trotz allem darüber bestimmen können, wie wir mit dem Verlust umgehen und dass wir die Trauer aktiv gestalten können.

Es liegt in unserem Ermessen, Lebensentwürfe neu zu gestalten, andere Wege zu beschreiten und neue Beziehungen zu knüpfen.

Trauer braucht Raum

Trauern ist wichtig, um mit dem Verlust zurechtzukommen. Deshalb müssen Trauerprozesse durchlebt werden. Sie helfen, uns an veränderte Lebenssituationen, Rollen und Anforderungen anzupassen, die der Verlust mit sich gebracht hat. Trauer hilft uns dabei, den erlebten Verlust in unser Leben zu integrieren. Trauerprozesse sind von vielen unterschiedlichen Faktoren abhängig. Es kommt vor, dass frühere Verluste oder alte Lebensthemen in einem neuen Trauerprozess wieder auftauchen.

Jeder Mensch trauert anders

Trauer äußert sich auf vielfältige Weise, so unterschiedlich, wie wir Menschen sind. Jeder Mensch reagiert auf einen Verlust anders, geht anders mit den aufkommenden Gefühlen und Gedanken um. Trauerwege und Trauerprozesse sind so verschieden wie wir Menschen selbst. Jede Trauer äußert sich einzigartig und jeder hat andere Bedürfnisse und Sorgen in seiner Trauer. Weil vieles so unterschiedlich ist, ist das Verständnis für sich selbst und füreinander oft sehr schwer. Sachliche Informationen sind daher hilfreich. Daneben ist es für Kinder wichtig, Signale zu bekommen, dass Trauern in der Familie erlaubt ist und dass die damit verbundenen Gefühle und Gedanken Raum wie Zeit einnehmen dürfen. Wenn ein offener Umgang mit Verlusten und deren Konsequenzen im Familiensystem gepflegt wird, können Kinder erleben, wie andere Familienmitglieder mit ihrer Trauer umgehen und so Impulse für den eigenen Trauerweg aufgreifen.

Ein richtiges und ein falsches Trauern oder ein Rezept, wie »man richtig trauert«, gibt es nicht. Dennoch gibt es Hinweise, wie wir trauernde Menschen, und besonders Kinder, hilfreich und unterstützend begleiten können. Damit werden wir uns im Kapitel 7 eingehender befassen. Zudem gibt es immer wieder Themen, die in Trauerprozessen auftauchen.

Wiederkehrende Themen in Trauerprozessen

In der Trauerforschung wurde festgestellt, dass zwar jeder Mensch anders trauert und seinen eigenen Weg durch die Trauer finden muss, in Trauerprozessen jedoch sich ähnliche Themen auftauchen, mit denen sich Trauernde befassen.

Diese Themen lassen sich auch auf die Bearbeitung von Verlust- und Veränderungsprozessen, die Kinder erleben, übertragen.

Es geht zum Beispiel darum, dass das Kind lernen muss, *den Verlust bzw. die Veränderung als solche zu akzeptieren*. Natürliche Reaktionen auf den Verlust oder die Veränderung sind zunächst Abwehr, nicht wahrhaben wollen, nicht begreifen können, dass die Situation sich verändert hat und nicht rückgängig zu machen ist.

Hier spielt auch das Alter bzw. der Entwicklungsstand des Kindes eine Rolle. Kinder benötigen, um mit Verlust- und Veränderungsprozessen umzugehen, Informationen. Wir sollten daher versuchen eine grundsätzliche Basis zu schaffen, auf der Kinder das Vertrauen haben, Fragen zu stellen. Wir müssen Voraussetzungen schaffen, die dem Kind helfen, Zusammenhänge zu verstehen, und die dazu beitragen, dass beängstigende Fantasien nicht unnötig viel Raum und Macht gewinnen. Hier ist die Geschichte von Patrik noch einmal beispielhaft zu erwähnen.

Mit dem Ringen um die Akzeptanz der Realität ist das Thema Gefühle verbunden. *Die große Vielfalt der aufkommenden heftigen und oft widersprüchlichen Gefühle braucht Raum und Ausdruck.* Negative Gefühle bereiten dem Kind Leid und Schmerz. Körperliche und seelische Reaktionen treten auf und sind nicht immer als Reaktion auf Verlust oder Veränderungsprozesse erkennbar.

Zudem muss sich das Kind *an die neue Lebenssituation anpassen und Neuorientierung finden.* Das ist anstrengend und erfordert Kraft. Meist steht mit dieser Aufgabe im Zusammenhang, dass neue Fähigkeiten entfaltet werden müssen und/oder neue Rollen eingenommen werden.

Ein weiteres Thema beschäftigt uns im Trauer- und Veränderungsprozess. Es geht darum, *das Verlorene in den gegenwärtigen Lebenskontext einzuordnen.* Dabei wird der Verlust, der Abschied, die Veränderung als Faktum verstanden. Dennoch darf das Verlorene eine Bedeutung in der Gegenwart behalten, darf eine Beziehung erhalten bleiben.

Manche Verlust- und Veränderungsprozesse erfordern eine mehrfache Bearbeitung der oben genannten Themen der Trauer. Der Verlust wird unter anderen Aspekten und Sichtweisen neu bearbeitet und immer wieder anders in die eigene Lebensbiografie eingeordnet. Gerade schwere Verluste benötigen im Kontext der fortschreitenden Entwicklung und Reifung des Kindes wiederholte Bearbeitung.

➤ Versuchen Sie in Erinnerung zu behalten, dass Kinder mit zunehmendem Alter immer wieder neue, ihrem Alter und ihrer Entwicklung entsprechende Informationen benötigen. Bleiben Sie deshalb im Gespräch und im Austausch.

5 Wie reagieren Kinder in ihrer Trauer?

Kinder zeigen ihre Trauer über ihr Verhalten

Kinder zeigen ihre Trauer mehr über ihr Verhalten als über verbale Äußerungen. Weil sich ihre Trauer anders ausdrückt als die von Erwachsenen, wird sie oft als solche nicht erkannt. Deshalb fehlen häufig das Verständnis und eine hilfreiche Unterstützung für das Kind. Kinder verfügen noch nicht über die gleichen Voraussetzungen, sich mit Trauer auseinanderzusetzen, wie Erwachsene. Zu diesen Voraussetzungen gehören die Fähigkeit zu abstraktem Denken, das Gefühl für Zeit und deren Ablauf und die Möglichkeit, sich sprachlich komplex auszudrücken.

Trauer hat viele unterschiedliche Gesichter

Gedanken und Gefühle in der Trauer können enorm anstrengend und zum Teil beängstigend sein, da sich Trauer in körperlichen und psychischen Reaktionen ebenso wie in verändertem und ungewöhnlichem Verhalten zeigen kann. Trauerreaktionen von Kindern können unverständlich und verwirrend sein, manchmal sogar Verärgerung und Wut bei Bezugspersonen auslösen. Deshalb bedarf es eines sachlichen Wissens und tieferen Verständnisses. Denn statt Bestrafung und Ablehnung brauchen Kinder in dieser Situation Unterstützung und Verständnis.

Kinder erleben in ihrer Trauer intensive Gefühle

Kinder wie Erwachsene erleben viele unterschiedliche, sehr intensive und oft widersprüchliche Gefühle wie Schmerz, Verzweiflung, Liebe, Angst, Panik, Sehnsucht oder Dankbarkeit. Sie reichen zudem von Heiterkeit, manchmal auch Albernheit, bis hin zu Wut, Aggression und tiefer Traurigkeit. Auch starke Trennungsängste oder die Unfähigkeit, neue Beziehungen einzugehen, sowie Schwierigkeiten mit der Selbstkontrolle können auftreten. Kinder können die Motivation verlieren, die eigene Entwicklung anzutreiben, wirken lustlos, unbeteiligt und können ihr Selbstwertgefühl verlieren.

Trauerprozesse – und seien sie noch so »klein« – müssen durchlebt werden. Das bedeutet, wir müssen auch negative Gefühle des Kindes aushalten, ihnen Raum lassen. Vielleicht denken Sie jetzt, ich kann doch mein Kind nicht immer und überall trauern, toben und brüllen lassen. Das ist richtig. Genau deshalb ist es wesentlich, dass Kinder sich mit Verlusten auseinandersetzen dürfen, damit sie lernen können, ihre Gefühle zu kanalisieren, sie zu steuern, sie aber auch nicht zu verdrängen. Verdrängte Gefühle brodeln wie in einem Topf. Es kostet unglaubliche Kraft, sie zu unterdrücken und mit einem Deckel zuzudecken. Eines Tages ist die Kraft nicht mehr da und der Deckel des Topfes fliegt mit großer Wucht nach oben. Völlig unkontrolliert und gerade dann, wenn der Betroffene und auch das soziale Umfeld dies nicht erwarten.

Sie sehen, dass es gerade darum unglaublich wichtig ist, dass kleine und große Verluste angemessen betrauert werden dürfen. Es geht natürlich nicht, dass Kinder ihre Gefühle ausleben und damit andere schädigen, wie z. B. der kleine Robin aus unserem Beispiel vorhin. Kinder brauchen hier wie in anderen Bereichen gesunde Grenzen. Die Grundregel »Ich darf meine Gefühle raus lassen, ohne andere Lebewesen oder die Sachen von anderen Menschen dabei zu verletzen oder zu beschädigen«, hat sich als hilfreich erwiesen und funktioniert meist ganz gut. Es bleiben noch immer genügend »Ventile«, damit Kinder (und übrigens auch Erwachsene) ihren starken Gefühlen Ausdruck geben können.

Heftige und schwankende Gefühle

Kinder können auf den Verlust eines Lieblingsspielzeugs mit starken Gefühlen wie heftigem Weinen und/oder Verzweiflung reagieren. Wenn Kinder im Kaufhaus ihre Eltern verlieren, können Gefühle von Panik, Angst und Verzweiflung und/oder von Verlassenheit und Einsamkeit auftauchen.
Verluste machen es Kindern schwer, mit den auftauchenden Gefühlen umzugehen, da diese häufig schwanken und sehr heftig sein können. Manchmal ist der Übergang unerwartet schnell und für das Kind wie für die Bezugspersonen sehr abrupt. Erwachsene haben dann den Eindruck, das Kind sei doch nicht betroffen, weil es vom Weinen sofort ins Spielen übergeht. Gerade dies ist jedoch ein Merkmal der Trauer bei Kindern. Länger anhaltende Trauerreaktionen würden das Kind zu diesem Zeitpunkt überfordern. Daher schaltet es aus Selbstschutz automatisch um. Natürlich kann es auch möglich sein, dass Trauerprozesse tatsächlich schnell beendet sind.

➤ Bitte vermeiden Sie trotzdem Aussagen wie:»Na, wenn du jetzt so schnell wieder spielen kannst, kann die Trauer ja nicht so groß gewesen sein.« Oder: »Da hast du dich eben aber ganz schön angestellt. Wolltest wohl auf die Tour noch was anderes erreichen.«

»Negativgefühle«

Mit Trauer werden häufig nur »Negativgefühle« verbunden. Positiv besetzte Gefühle wie Freude, Erleichterung, Dankbarkeit, Liebe, Zuneigung nehmen wir in einer Lebenskrise eher schwerer wahr, obwohl sie da sind. Es kann das Kind stärken, wenn es diese Gefühle bei sich wahrnehmen kann. Darauf zu schauen, was sich gut anfühlt, macht es leichter, den Verlust zu verkraften und sich der neuen Situation anzupassen.

Unangenehme Gefühle bewerten wir zudem meist negativ. Sie haben ihre Berechtigung und wichtige Funktionen. Sie helfen uns, unsere Bedürfnisse wahrzunehmen und unterstützen uns darin, dass wir aktiv werden. Wir möchten die aktuelle Situation verändern, um die unerträglichen Gefühle loszuwerden. Deshalb brauchen auch unangenehme Gefühle ihren Raum.

Körperliche Reaktionen

Verluste haben Einfluss auf den ganzen Menschen. Auch körperliche Reaktionen können auftreten. Es kann daher gut sein, dass sich Ihr Kind müde fühlt, dass es unkonzentriert wirkt oder weniger energiegeladen als sonst erscheint. Andere Reaktionen können Druck auf der Brust, Magenschmerzen, Frieren oder Schwitzen, Übelkeit, Verstopfung, Durchfall, Probleme beim Einschlafen, nächtliches Aufwachen oder Unruhe sein.

➤ Wenn diese Reaktionen anhalten, sollten Sie dafür sorgen, dass aus fachlicher Sicht körperliche Ursachen auszuschließen sind. Holen Sie deshalb Rat und Unterstützung bei Ihrem Kinderarzt.

Psychische Reaktionen

Normale Reaktionen auf einen Verlust können auch Aggressivität, Angst, Existenzsorgen, Verlust von Grundvertrauen in die Welt, Schock, Zerstörungswut, Traurigkeit, Wut, Sehnsucht, Liebe, Dankbarkeit, Erleichterung, Enttäuschung, Verzweiflung, Todesangst, Schuldgefühle, Scham, Selbstvorwürfe, Einsamkeit, Erschöpfung oder motorische Unruhe sein.

Soziale Reaktionen

Erlebt das Kind einen Verlust, kann es sein, dass es das geplante Treffen mit der Freundin kurzfristig absagen möchte. Dann braucht das Kind Zeit und Raum, um mit dem Geschehen zurechtzukommen. Schwere Verluste können längerfristige Lustlosigkeit, mit anderen Kindern spielen zu wollen, auslösen. Kinder reagieren möglicherweise mit dem Wunsch, Hobbys aufgeben zu wollen oder mit Auffälligkeiten in der Schule.

> Ich begleitete Jan (acht Jahre), dessen Vater gestorben war. In der Schule reagierte er mit Unkonzentriertheit, starker Unruhe, Aggression und auffälligem Verhalten. Dies führte soweit, dass Jan während des Unterrichts immer wieder im Klassenraum herumlief, in der Umkleide der Turnhalle urinierte oder Mitschüler ohrfeigte.

Jan war tief verzweifelt und brauchte keine Strafen. Er benötigte Menschen, die sein Leid wahrnahmen. Die gewohnte und sichere Welt war zusammengebrochen, das weitere Leben unsicher und nicht berechenbar. Jan brauchte Fürsorge, Zuneigung, Grenzen, Sicherheiten und dringend Erklärungen, weil er glaubte, die Verantwortung am Tod des Vaters zu tragen. Sein auffälliges Verhalten war letztendlich ein lauter Hilfeschrei.

Weitere Reaktionen im Verhalten

Andere Verhaltensreaktionen können z. B. Weinen, Schreien, Zähneknirschen oder Nägelkauen, Aufgeregtheit, Unsicherheit, Panik, Bestürzung, Rückschritte in der Entwicklung, Gefühle von Schutzlosigkeit, Hilflosigkeit oder Überreiztheit sein. Vielleicht erinnert sich das Kind später auch nicht mehr an alle Zusammenhänge des Geschehens, oder es fällt ihm überhaupt schwer zu begreifen, was passiert ist. Das Erlebte erscheint häufig unwirklich, fast wie in einem Traum. All dies sind normale Reaktionen, die auch wieder verschwinden werden.

➤ Die Erfahrung hat gezeigt, dass es hilfreich ist, das Geschehene sachlich zu erklären. Manchmal ist es notwendig, dies auch mehrfach zu tun. durch den ersten Schock hören wir das Gesagte nicht immer, nehmen nicht alles um uns herum wahr. Wir bekommen manches nur bruchstückhaft mit. So ergeht es auch Kindern. Fassen Sie deshalb noch einmal zusammen. Wesentlich ist, dies ohne Wertung zu tun. Vermeiden Sie bitte bewertende Worte, auch wenn Sie selbst betroffen sind: »Wir brauchen diesen Lügner von Papa gar nicht. Soll er doch zu seiner blöden neuen Freundin ziehen.«

Rücksicht und Nachahmung

Kinder können sich nach der Trennung der Eltern oder bei anderen Trauerprozessen (nach Verlust der Arbeit, schwerer Krankheit einer Bezugsperson …), dem Tod eines Eltern- oder Großelternteils oder eines Geschwisters für Angehörige verantwortlich fühlen: Sie übernehmen häufig Aufgaben, die ihnen nicht entsprechen. Kinder stellen zuweilen ihre eigene Trauer aus Rücksicht auf Bezugspersonen zurück, um diese nicht zusätzlich zu belasten. Es ist also nicht nur so, dass Bezugspersonen eigene Trauer zum Schutz des Kindes zurücknehmen, sondern auch umgekehrt. Der entscheidende Punkt hierbei ist, dass durch dieses Verhalten bei Verlusten, die mehrere oder alle Familienmitglieder betreffen, jeder schnell mit seiner Trauer allein bleibt. Mit einer offenen Kommunikation lassen sich solche zusätzlichen Belastungen eher vermeiden.

Weil Kinder nicht wissen, wie sie sich in einer solchen Extremsituation verhalten sollen – können – dürfen, orientieren sie sich natürlich am Trauerverhalten von Bezugspersonen. Hier wird noch einmal deutlich, welche Bedeutung unser persönlicher Umgang mit Trauer für die Bearbeitung kindlicher Verlust- und Veränderungsprozesse hat.

Albernheit und Lachen

Kinder reagieren manchmal mit Albernheiten und/oder Lachen in angstbesetzten Situationen, auf eine Bedrohung, auf einen Verlust oder eine schwerwiegende Veränderung. Für Bezugspersonen kann diese Reaktion äußerst irritierend sein.

Ich selbst musste lachen, als meine Mutter mir mitteilte, dass mein Onkel gestorben sei, obwohl ich unglaublich traurig war. In der Schule erlebe ich immer wieder, dass Schüler auf Todesnachrichten ebenfalls mit albernem Verhalten oder Lachen reagieren.

Albernheit und Lachen können der Ausdruck tiefster Hilflosigkeit und totaler Überforderung sein und bedeuten in diesem Zusammenhang keinesfalls, dass Kinder den Abschied, Verlust oder die Veränderung auf die leichte Schulter nehmen. Sie sind kein Ausdruck von Respektlosigkeit oder Gefühlskälte, wie in solchen Situationen leider fälschlicherweise häufig angenommen wird.

➤ Nehmen Sie die hinter dem Ausdruck stehenden Bedürfnisse Ihres Kindes wahr. Signalisieren Sie Ihrem Kind, dass Sie das Lachen nicht verurteilen, sondern die dahinterliegende Not erkennen. Begegnen Sie Ihrem Kind mit Zuwendung und Verständnis. Erklären Sie, warum wir manchmal mit Albernheit und Lachen reagieren, obwohl wir uns innen drin eigentlich ganz anders fühlen. So nehmen Sie dem Kind Gefühle von Scham und Schuld.

Träume

Träume im Zusammenhang mit einem Abschied, einem Verlust oder einer gravierenden Lebensveränderung sind auch bei Kindern nicht selten. Sie werden in solchen Lebenssituationen manchmal als positiv und tröstend erlebt, manchmal hingegen wirken sie beängstigend und verunsichernd auf das Kind.

Intensive Träume können eine Reaktion auf Verlust- oder Veränderungsprozesse sein und wichtige Hinweise für die Trauerarbeit des Kindes geben. Nicht immer haben Kinder den Mut, über verwirrende Erlebnisse oder erschreckende Veränderungen, die sie an sich feststellen, zu sprechen. Sie brauchen auch hier sensible Wahrnehmung aus ihrem Lebensumfeld.

➤ Seien Sie aufmerksam für die Träume Ihres Kindes, und gehen Sie selbst offen mit eigenen Träumen um. Sprechen Sie von Ihren Erfahrungen. Das ist eine Einladung für Ihr Kind, selbst zu erzählen. Träume geben wichtige Hinweise auf das Seelenleben. Fragen Sie Ihr Kind, was es geträumt hat, und lassen Sie das Kind davon erzählen. Bitte bedenken Sie, dass jüngere Kinder noch lernen müssen zwischen Traum und Wirklichkeit zu unterscheiden. Traumerleben wird als real und teilweise beängstigend empfunden. Mitfühlende Bezugspersonen, die die Zusammenhänge erklären, sind deshalb wichtig für das Kind.

Es kann für Ihr Kind ein wertvoller Hinweis sein, dass das Aufschreiben von beängstigenden Träumen entlastend und klärend wirken kann. Vielleicht schenken Sie Ihrem Kind ein besonders schönes Buch. Es kann dort seine Träume oder auch andere persönliche Gedanken aufschreiben. Jüngere Kinder können ein Bild von ihren Traum malen. Zudem können Sie mit dem Kind einen Traumfänger (Anleitung dazu im Kapitel 11) basteln, der symbolisch vor Albträumen schützen soll. Leiden Kinder immer wieder unter schweren Albträumen, sollten Sie fachliche Unterstützung suchen.

Wut, Aggression, Zorn und Co.

Trauer ist häufig verbunden mit Gefühlen wie Wut, Zorn, Aggression, Neid und Hass. Das wissen viele Menschen nicht, weil noch immer das »Spukbild« in unserem Kopf herumgeistert, ein trauerndes Kind müsse ein weinendes, in der Ecke sitzendes Kind sein.

Es hilft Kindern nicht, wenn Eltern versuchen, diese Gefühle ihrer Kinder umzukehren oder zu unterbinden. Sätze wie »Du hast doch noch eine andere Puppe«, »Der Leon ist morgen sicher wieder dein bester Freund.« – »Wir kaufen dir einen neuen Hamster.« – »Andere haben doch noch sehr viel mehr Unglück als du.« – »Was soll ich denn sagen, mir geht es doch viel schlechter als dir.« – »Stell dich nicht so an, es gibt wirklich Sachen, da könnte man drüber weinen, aber nicht über so einen Lappalie.« zeigen kein Verständnis für die Trauersituation des Kindes.

Wut braucht Raum. Permanent unterdrückte Wut kann sich nach innen kehren und zu autoaggressivem Verhalten führen. Deshalb sollen Kinder ausdrücklich die Erlaubnis zur Affektregulierung bekommen. Selbstverständlich braucht diese Regulierung einen Rahmen. Welche konkreten Angebote Sie Ihrem Kind machen können, lesen Sie im Kapitel 7 zur hilfreichen Unterstützung.

➤ Es hilft Ihrem Kind, wenn Sie ihm mitteilen, dass Sie seine Wut verstehen und dass Sie dieses Gefühl von sich kennen. Möglicherweise sorgt sich Ihr Kind, dass intensive, negative Gefühle so bleiben. Nehmen Sie Ihrem Kind diese Sorge. Sagen Sie Ihrem Kind, dass es bald merken wird, dass diese Gefühle auch wieder weniger werden, dass es wieder spielen, lachen und sich freuen kann.

Außerdem können Sie, je nach Alter des Kindes, erklären, dass diese Gefühle sogar eine wichtige Funktion haben. »Negativgefühle« haben ihre Berechtigung. Angst und Panik helfen uns, mit Bedrohungen umzugehen, zu flüchten oder zu erstarren (sich tot stellen – als Überlebensstrategie). Wut hilft Grenzen zu setzen, wir können andere damit abschrecken, um uns selbst zu schützen oder uns zu verteidigen, um zu kämpfen. Das Bedürfnis hinter der Angst, Panik oder Wut wahrzunehmen, zeigt uns, was wir jetzt brauchen, damit es uns besser geht. Das kann zum Beispiel Überleben, Sicherheit oder der Wunsch nach Veränderung sein. Kinder benötigen gerade in Situationen, die durch Wut, Aggression oder Zorn geprägt sind, wohltuende Worte und Gesten und keine strafenden Handlungen oder Äußerungen. Begleiten Sie Ihr Kind liebevoll in dieser schweren Situation. Machen Sie Angebote zu möglichen »Ventilen«, kochen Sie einen Tee oder Kakao, lesen Sie etwas vor, kuscheln Sie oder gehen Sie zusammen raus.

Angst und Panik

Verlusterlebnisse können dazu führen, dass Kinder mit Angst und Panik reagieren. Zum Beispiel dann, wenn die Mama nicht pünktlich wie vereinbart zum Abholen gekommen ist oder das Kind die Mutter im Kaufhaus aus den Augen verliert. Auch solche kurzen Erlebnisse, die mit Verlust zu tun haben, lösen Trauerprozesse aus. Trauer kann daneben Gefühle von Verlassensein oder Sich-klein-Fühlen auslösen. Heftige negative Gefühle belasten Kinder besonders.

Oft entstehen sie oder werden verstärkt durch mangelnde sachliche Informationen. Kinder geben sich auf Fragen, die sie beschäftigen und auf die sie aus dem sozialen Umfeld keine oder keine befriedigende Antwort bekommen, eine eigene Antwort, die häufig beängstigende Bilder beinhaltet. Daher ist es hilfreich, im Blick zu haben, womit das Kind sich gerade befasst, sachliche Erklärungen abzugeben und Zusammenhänge herzustellen.

➤ Bitte geben Sie Ihrem Kind keine Antworten auf Fragen, auf die es keine gesicherte Antwort gibt. Wir müssen als Eltern, als Bezugspersonen, als Erzieher und Lehrer nicht immer alles wissen. Eine ehrliche Antwort wie »Ich weiß es auch nicht« kann eine engere Verbindung zwischen Ihrem Kind und Ihnen schaffen, als eine Antwort, die dauerhaft nicht haltbar ist.

Vermeiden

Manchmal kann der Verlust oder der Abschied dazu führen, dass das Kind versucht, bestimmte Situationen oder Orte zu meiden, weil diese mit dem Verlust in Verbindung stehen. Vielfach ist das Vermeidungsverhalten mit Gefühlen wie Panik verbunden. Mit der Strategie des Vermeidens versucht das Kind, sich vor einem neuen Verlust zu schützen. Manchmal möchte es sich am liebsten verkriechen. Für Bezugspersonen ist es nicht immer leicht, dieses Vermeidungsverhalten wahrzunehmen und zu deuten. Vielleicht kennen wir selbst das Gefühl, sich schutzlos und verwundet zu fühlen und sich nach einem Verlust, einer seelischen Verletzung oder einer schweren Krankheit am liebsten der Welt zu entziehen. Kinder empfinden ähnlich und brauchen dann Geborgenheit und Schutz.

Verborgene und unsichtbare Trauer

Manche Eltern sind irritiert, weil Kinder nach einem schweren Verlust oder auf eine gravierende Lebensveränderung zunächst häufig so reagieren, als sei nichts geschehen. Sie funktionieren einfach weiter, erledigen ihren Alltag und zeigen nach außen keine Emotionen oder Veränderungen in ihrem Verhalten. Manchmal kommen auch lapidare Äußerungen wie: »Ist doch egal, dass der Papa auszieht, er war ja sonst auch nicht da, weil er bei der Arbeit war.« Wenn ihr Kind so reagiert, glauben Sie bitte nicht, dass es nicht trauert. Kinder versuchen oft, sich so vor Überforderung zu schützen.

Zudem sollen Bezugspersonen durch Zurückhaltung der eigenen Trauer geschont und zusätzliche Belastungen vermieden werden. Kinder und Jugendliche fühlen sich, so meine Erfahrung, schnell schutzlos und haben die Sorge, wenn sie ihre Gefühle zeigen, dass sie diese nicht mehr kontrollieren können. Häufig bearbeiten Kinder und Jugendliche ihre Trauer erst, wenn sie spüren, dass es ihren Bezugspersonen (z. B. nach der Scheidung) besser geht und sie sich ihnen zumuten können. Das kann auch Jahre später sein. Meist erkennen weder die Betroffenen selbst noch die Menschen aus ihrem Lebensumfeld den Zusammenhang mit dem erlebten Verlust.

Unsicherheit und Rückschritte

Kinder können auf einen Verlust, der für sie schwer ist, mit einem Empfinden von Schutzlosigkeit reagieren, welches sich in Rückschritten in der Entwicklung äußert. Kinder möchten sich wieder jünger fühlen, als sie es eigentlich sind. Möglicherweise nässen Kinder wieder ein, beginnen in Babysprache zu sprechen, können nicht mehr so gut ausmalen oder ausschneiden wie zuvor. Manchmal möchte das Kind einfach im Bett bleiben. Vielfach ist das Bedürfnis nach Sicherheit stärker als bisher. Kinder möchten wieder im Bett der Eltern, bei Licht oder offener Tür schlafen, suchen auch am Tag stärker die Nähe von Bezugspersonen, können sich schlechter von ihnen trennen, haben das Bedürfnis nach Trost und Körperkontakt und wirken zugleich oft unleidlich oder weinen schneller als sonst. Zudem kann das Kind schnell reizbar und abweisend sein, obwohl es sich gleichzeitig nach Nähe und Zuwendung sehnt. All dies sind Signale an das soziale Umfeld, dass das Kind sich Unterstützung und Hilfe wünscht.

Ich gebe zu, das macht es Bezugspersonen nicht gerade einfach zu verstehen, welche Bedürfnisse das Kind hat und wie es am besten unterstützt werden kann. Wenn Sie es schaffen, bleiben Sie in solchen Situationen am besten ruhig und gelassen. Oft haben wir unsere eigenen Sorgen und Belastungen und übersehen die sehr feinen Signale, die uns das Kind sendet. Auch das gehört zum Leben. Es ist nicht immer alles perfekt, wir sind nicht immer optimal belastbar und aufmerksam. Trotzdem können wir sehr liebende und fürsorgliche Eltern sein. Dies wird das Kind spüren und das ist die wichtigste und größte Kraftquelle, die wir unserem Kind mitgeben können.

➤ Diese Reaktionen und Rückschritte in der Entwicklung geben sich im Normalfall wieder. Sie müssen nicht befürchten, dass Ihr Kind jetzt Dinge verlernt hat. Sie helfen Ihrem Kind, wenn Sie die Bedürfnisse nach Nähe und Sicherheit, die der Verlust ausgelöst hat, soweit wie möglich erfüllen. Ihr Kind gewinnt durch Ihren Rückhalt die verlorene Sicherheit zurück. Zugleich erlebt es, dass Sie es in seiner Not wahrnehmen und fürsorglich für es da sind. Dies wiederum wird dazu führen, dass das Vertrauen zwischen Ihnen und Ihrem Kind gestärkt wird.

Hilflosigkeit und Ohnmacht

In Verlustsituationen erleben wir uns häufig hilflos ausgeliefert, ohnmächtig oder dem Schicksal gegenüber machtlos. Auch Kinder kennen diese Gefühle.

Katrin (fünf Jahre) liebt ihren Papa. Sie vermisst ihn schon in der Woche, wenn er bei der Arbeit ist sehr. Berufliche Umstrukturierungen erfordern, dass er jetzt über längere Zeiträume immer wieder ins Ausland reisen muss. Die Zeiten am Abend und am Wochenende mit ihrem Papa fehlen Katrin. Sie spricht seitdem weniger, wirkt häufiger abwesend und spielt, dass ein großer, grausamer Drachen den Papa auffrisst. Es gibt nie ein Entrinnen und der Vater verschwindet regelmäßig im Schlund des Drachens, während die Prinzessin dasteht und bitterlich weint.

➤ Fragen Sie Ihr Kind in Verlust- oder Abschiedssituationen, was es gern tun möchte, oder machen Sie Angebote, damit das Kind lernt, sich aus der Erstarrung und Hilflosigkeit zu lösen. Wir können mit dem Kind üben, »aktiv zu werden«. Das Kind wird diese Strategie später für andere Verlustsituationen nutzen. Gerade bei schweren Verlusten kann so eine Traumatisierung leichter verhindert werden.

Weinen

Weinen gehört ebenfalls zu den natürlichen Reaktionen auf einen Verlust. Es fällt uns als Eltern oder Großeltern schwer zu erleben, wie das Kind leidet, weint und sich quält. Schnell kommt der Impuls, dieses Weinen stoppen zu wollen. Auch wenn Weinen für das Kind anstrengend sein kann, so entlastet es die Seele vom Druck des Verlustschmerzes. Manchmal sind Kinder (auch Erwachsene) in ihrer Trauer gleichzeitig wütend und müssen weinen. Tränen sind ein wichtiges Signal an Eltern und Bezugspersonen, dass etwas nicht stimmt, dass das Kind traurig und vielleicht überfordert ist, dass es Hilfe und Unterstützung braucht.

➤ Deshalb ist es wichtig, dem Kind das Weinen zu erlauben. Verstehende Sätze wie »Du darfst ruhig weinen.« – »Ich verstehe, dass du weinen musst, denn es ist traurig für dich, dass Jan umziehen wird und ihr euch nicht mehr so oft sehen könnt.« machen Ihrem Kind deutlich, dass Sie zum einen die Trauer wahrgenommen haben und dass es zum anderen in Ihrer Familie erlaubt ist, zu weinen und traurige Gefühle zuzulassen. Es wird dem Kind guttun zu hören, dass es nicht schlimm ist zu weinen, sondern dass Weinen ein wertvolles Zeichen dafür ist, dass der weinende Mensch Fürsorge und Trost braucht.

Schuldgedanken

Kinder haben schnell den Gedanken, dass sie das Geschehen verursacht haben. Trennen sich zum Beispiel die Eltern, der Hase stirbt oder der kleine Bruder wird krank, kann es sein, dass das Kind glaubt, für dieses Ereignis verantwortlich zu sein. Gerade in der Entwicklungsphase zwischen dem fünften und achten Lebensjahr kann solch magisches Denken auftauchen. Kinder glauben, dass sie durch ihre Gedanken das Geschehen beeinflussen können und so die Schuld an Ereignissen tragen. Oft verbalisieren sie diese Gedanken nicht und sind auf Unterstützung von außen angewiesen.

➤ Bleiben Sie achtsam für das Erleben des Kindes. Sagen Sie Ihrem Kind in solchen oder ähnlichen Situationen so kindgerecht wie möglich, dass es keine Schuld und keine Verantwortung am Geschehen trägt. Erklären Sie ihm, warum z. B. die Trennung stattgefunden hat oder der Hase gestorben ist, und berichten Sie darüber, wie es weitergehen wird. Kinder brauchen in ihrer Trauer so viel Klarheit wie möglich.

6 Jedes Kind trauert anders – warum eigentlich?

Trauer ist individuell. Jeder geht mit Veränderungsprozessen in seinem Leben anders um. Ein richtiges und falsches Trauern gibt es nicht. Das haben wir schon gehört. Gern möchte ich mich nun noch einmal der Frage zuwenden, wie es kommt, dass jeder anders trauert, und welche Faktoren unseren Umgang mit Verlusten und Veränderungsprozessen beeinflussen. In diesem Kapitel möchte ich mit Ihnen deshalb die Aspekte »Entwicklung«, »Bedürfnisse« und »Resilienz« in den Fokus nehmen, um Fragen zu klären wie: Was kann es Kindern schwer machen zu trauern, was kann es leichter machen, den Verlust zu ertragen und sich neu auszurichten?

Die Themen, die in Trauer- und Veränderungsprozessen auftauchen, scheinen trotz der vielfältigen Unterschiede in der Art des Umgangs ähnlich zu sein. Trauerprozesse hängen von vielen verschiedenen Faktoren ab.

Im Laufe der Entwicklung und Lebenszeit werden neue Erfahrungen sowie Wissen den Umgang und die Bearbeitung von Trauer weiter beeinflussen. Vergangene Trauersituationen werden im Nachhinein unter neuen Blickwinkeln betrachtet, neu eingeordnet und verstanden.

> Natalie (zwölf Jahre) kann ihre eigene Verzweiflung und ihren Kummer im Alter von sechs Jahren, als die Familie aus beruflichen Gründen umziehen musste, heute in einem anderen Licht sehen. Die Gedanken und schmerzhaften Gefühle von damals sind noch sehr präsent. Die Befürchtungen, nie wieder glücklich zu werden, nie wieder eine so gute Freundin zu finden wie damals, haben sich nicht bestätigt. Natalie weiß heute, dass es schwer und schmerzhaft ist, Abschied zu nehmen. Sie weiß inzwischen auch, dass das Leben wie-

> der gut werden kann, wenn auch anders als zuvor. Sie hat sich kennengelernt. Die damalige Situation reflektiert sie mit ihren heutigen Fähigkeiten. Sie erkennt, dass es ihr gut getan hat, dass Oma die ersten Wochen bei ihnen war, sie versorgt und begleitet hat. Natalie hat viel geweint, sich nach ihrem alten Zuhause gesehnt. Gerade da war es besonders wichtig, Omas Nähe und Fürsorge zu spüren und zu sehen, dass nicht alles verloren ist. Sie erinnert sich, dass sie es als entlastend empfunden hat, viel zu malen und an Janina, ihre Freundin, zu schreiben. Natalie weiß, dass sie Zeit gebraucht hat, bis sie sich an dem neuen Wohnort wohl fühlen konnte. Es ist für Natalie beruhigend zu wissen, dass sie es geschafft hat, sich der neuen Lebenssituation anzupassen und wieder glücklich zu werden.

Solche Erfahrungen geben Kraft und Zuversicht, auch künftige Veränderungsprozesse und Abschiede gut zu überstehen.

Zudem können neue Verluste mit dem hinzugewonnenen Wissen, reflektierten Erfahrungen und vorhandenen Ressourcen anders angegangen und bearbeitet werden.

Faktoren, die Trauerprozesse beeinflussen

Kinder sind in ihrer Bearbeitung von Verlusten von ihrer ganz persönlichen Biografie und Lebenssituation (Familiensituation, zusätzliche Belastungen, eigene Gesundheit) beeinflusst. So kann es für Kinder schwer sein, Abschiede im Alltag (morgens im Kindergarten, beim Wechsel vom Kindergarten in die Schule oder wenn die Lieblingsjacke zu klein geworden ist) gut zu verkraften und zu bearbeiten, wenn gleichzeitig die Oma sehr krank ist, die finanzielle Situation der Familie spürbar schwer ist oder die Eltern sich trennen möchten. Zusätzliche Belastungen machen es schwerer, mit Veränderungsprozessen zurechtzukommen.

Individuelle Lebenserfahrungen (bereits erlebte Verluste, die Erfahrung von sicherer oder unsicherer Bindung zu Bezugspersonen) prägen die Bearbeitung von Verlusten ebenfalls. Außerdem spielen der emotionale und kognitive Entwicklungstand sowie individuelle Fähigkeiten und Talente eine Rolle im Umgang mit Veränderungsprozessen.

Individuelle Fähigkeiten können zum Beispiel wichtig sein, weil sie als Bewältigungsstrategien, um schweren Gefühlen Ausdruck zu geben, eingesetzt werden können (Malen, Sport, Musik ...) und das Kind zugleich Gefühle von Selbstwirksamkeit und Selbstwert erfahren kann. Selbstvertrauen, Selbstwirksamkeit und Selbstbewusstsein zählen zu den inneren Ressourcen, die einen Umgang mit Veränderungsprozessen erleichtern. Daher ist es wichtig, Kinder hier immer wieder zu stärken, und das, was sie gut können, zu fördern.

Die Gesamtstruktur der Familie, die Art des Umgangs mit Krisen und Verlusten in der Familie bestimmen zudem mit darüber, wie Kinder mit Abschied und Verlust umgehen können. Daneben haben Religion, Kultur, das Geschlecht und die damit verbundenen Rollenerwartungen Einfluss darauf, wie Veränderungsprozesse angegangen werden können.

Weiterhin hängt der Umgang des Kindes mit Verlust davon ab, in welchem sozialen Umfeld das Kind lebt und wie dort mit schweren Themen umgegangen wird, welche vorhandenen Ressourcen existieren, wie der Zugang zu sachlichen Informationen und zu erfahrener *hilfreicher* Unterstützung ist. Unterstützung kann zwar angeboten werden, diese ist jedoch nicht immer hilfreich für Kinder. Möglicherweise sind gut gemeinte Hinweise aus dem Umfeld eher *Rat-Schläge*, die die Bearbeitung von Veränderungsprozessen vielmehr behindern.

Zum Beispiel dann, wenn in schmerzhaften Abschiedssituationen Erzieher kommentierend begleiten: »So schlimm ist das doch überhaupt nicht. Marco hat das ja auch ganz schnell geschafft. du musst nur stark sein.« Insgesamt erschwert eine derartige Äußerung dem Kind die persönliche Notsituation. Auch wenn solche Hinweise meist unterstützen möchten, ist es für das betroffene Kind dennoch eine zusätzliche Belastung, in Konkurrenz zu anderen Kindern geschickt zu werden, zu hören, dass andere besser (Wertung) mit der Situation umgehen, dass es sowieso insgesamt nicht so schlimm sei, also die Trauer und für das Kind empfundene Schwere nicht ernst genommen wird. Folgen sind eine Verunsicherung und der Verlust von Selbstbewusstsein des Kindes. Das Kind wird sich fragen: »Sind die Gefühle, die ich bei mir wahrnehme, gar nicht richtig, habe ich eine falsche Wahrnehmung und bin ich schwach, weil andere in der gleichen Situation besser zurechtkommen?« Hilfreicher wäre es, das

Kind körperlich zu unterstützen, deutlich zu machen: Du bist nicht allein. Sie können die Hand halten, leichte Berührungen, eventuell in den Arm nehmen – alles unter der Voraussetzung, dass das Kind dies erlaubt. Sie können sagen: »Ich sehe, dass es dir schwerfällt, Abschied zu nehmen. Das ist ja auch gar nicht so einfach. Deshalb ist es überhaupt nicht schlimm, dass du weinst. Aus meiner Erfahrung weiß ich, dass das traurige Gefühl nicht so bleibt. Es wird dir wieder besser gehen. Solange bin ich gern bei dir. Wenn du magst können wir etwas spielen oder ich lese dir etwas vor.«

Entwicklungspsychologische Aspekte

Um zu verstehen, wie Kinder trauern, müssen wir einen Blick auf entwicklungspsychologische Aspekte werfen.

Sichere Bindung zu einer oder mehreren Bezugspersonen ist eine gute Voraussetzung, um im Leben mit Veränderungen und Verlusten zurechtzukommen. Unsichere Bindungsstile hingegen, die häufig aus problematischen Eltern-Kind-Beziehungen entstehen, können die Bearbeitung eines Verlusts erschweren. Instabile Bindungen, ein vermehrter Wechsel von Bezugspersonen, plötzliche, unvorbereitete oder häufige Wechsel in eine fremde Umgebung, fehlende Wahrnehmung der kindlichen Bedürfnisse oder unangemessene Reaktionen auf die Bedürfnisse des Kindes können dazu führen, dass Kinder in komplizierte Trauerprozesse geraten, die professionelle Unterstützung benötigen.

Im Folgenden möchte ich Ihnen einen kurzen Überblick darüber geben, wie sich die Möglichkeiten, Veränderungen und Verluste zu bearbeiten, im Verlauf der Entwicklung eines Kindes verändern. Bitte bedenken Sie, dass die Altersangaben lediglich als ungefähre Orientierung zu verstehen sind. Zudem beeinflussen familiäre, soziale, kulturelle, ideologische und andere individuelle Faktoren die Bearbeitung von Veränderungs- und Verlustprozessen ebenso.

Kinder brauchen deshalb immer Erwachsene, die ihnen mit einer emphatischen, wertschätzenden und achtsamen Haltung begegnen.

In ihrer Entwicklung durchlaufen Kinder permanent Wachstumsphasen, die Veränderungen, Abschiede und Neuerungen mit sich bringen. Damit verbunden sind intensive Gefühle. Oft sind dies

Ängste vor Neuerungen und Veränderungen. Eine Entwicklungsaufgabe ist es, einen selbstbestimmten Umgang mit diesen starken Gefühlen zu finden und Möglichkeiten zur Selbstberuhigung zu entwickeln. Dieser Prozess beschäftigt uns von der Kindheit an bis hin zum Jugendlichen und Erwachsenen immer wieder.

Kleinkinder bis 24 Monate können schon unterscheiden, welche Menschen ihnen vertraut sind und welche fremd. In dieser frühen Lebensphase machen Kinder prägende Bindungserfahrungen, die das Selbstbewusstsein, das Grundvertrauen in die Welt sowie den Bewältigungsstil im Umgang mit Verlusten beeinflussen. Die Resilienzforschung, die untersucht, warum manche Menschen mit Schicksalsschlägen besser zurechtkommen als andere, also eine gute psychische Widerstandskraft besitzen, hat dieser Entwicklungsphase deshalb eine besondere Bedeutung beigemessen.

Kinder in diesem Alter können verstehen, dass Gegenstände oder ein Mensch auch dann noch existieren, wenn er oder sie sich außerhalb des kindlichen Wahrnehmungsfeldes befindet.

Diese Fähigkeit ist die Voraussetzung für das Empfinden von Verlustgefühlen. Daher erleben schon Kleinkinder Verlustschmerz und die Angst, verlassen zu werden. Ihrer kognitiven Entwicklung entsprechend, durch das noch fehlende Zeitverständnis und durch ihre emotionale Abhängigkeit von Bezugspersonen können sie Trennungen oder große Veränderungen (auch Veränderungen bei Bezugspersonen, wenn diese beispielsweise durch eigene Krankheit, berufliche Probleme, Scheidung, Tod eines Menschen ... belastet sind) nicht einordnen und empfinden existenzielle Bedrohung. Kinder reagieren mit ihren Verhaltensmöglichkeiten wie z. B. Ess- oder Schlafstörungen, mit Weinen, Wut, Angst, Rückzug, Abwehrbewegungen oder Irritation.

➤ Wir können unsere Kinder in diesem Lebensalter bestmöglich stärken und auf die Herausforderungen des Lebens vorbereiten, wenn wir ihnen stabile, liebevolle Beziehungen zur Verfügung stellen und dafür sorgen, dass sie möglichst verlässliche Alltagsabläufe erfahren. Wenn wir sensibel sind und mögliche körperliche Symptome oder andere Verhaltensauffälligkeiten wahrnehmen, können wir auf die aktuellen Bedürfnisse des Kindes eingehen. Das Kind wird die ihm zukommende Fürsorge und Geborgenheit spüren. Das wiederum stärkt für zum Leben gehörende Veränderungs- und Verlustprozesse.

Kleinkind- und Vorschulalter

Kinder im Vorschulalter können aufgrund ihrer erweiterten Fähigkeiten Informationen schon ganz anders wahrnehmen und einordnen. Sie führen ein Ereignis auf eine Ursache zurück und suchen mit den ihnen zur Verfügung stehenden Möglichkeiten und Informationen nach Ursachen dafür. Zudem entwickeln sich verbale Fähigkeiten, das Denken in Bildern und der Umgang mit Vorstellungen wie Symbolen. Diese eröffnen eine neue Auseinandersetzung mit Verlust- und Veränderungsprozessen. Schmerzhafte Abschiede und Veränderungen können als solche wahrgenommen werden. Kinder in dieser Entwicklungsphase verstehen ihre existenzielle Abhängigkeit von Bezugspersonen. Damit entwickeln sich auch neue Verlustängste.

> Eine erwachsene Klientin berichtete darüber, welche schreckliche Verlustangst sie als Dreijährige empfunden hatte, als ihre Mutter den Bruder im Krankenhaus besuchte und sie mit ihrem anderen, zwei Jahre älteren Bruder allein zu Hause ließ. Sie erinnerte sich an die unendliche Zeit, am regennassen Fenster stehend und in furchtbarer Angst wartend. Die Verlustangst war unglaublich groß. Sie litt körperlich und seelisch, weil sie befürchtete, die Mutter würde nie mehr zurückkehren.

Ich selbst kann mich ebenfalls an solche existenziellen Verlustängste (meine Eltern sind noch nicht zurück, vielleicht sind sie tödlich verunglückt) erinnern, die mich dazu brachten, mir eine alternative Zukunft bei einer Tante vorzustellen. Die Vorstellung, nicht gänzlich verloren zu sein, eine Alternative zu haben, beruhigte mich.

Insofern fordert Verlustangst und ein Verlust selbst uns dazu auf, neue Entwicklungsschritte zu vollziehen. Diese Entwicklungsprozesse sind nie ganz abgeschlossen und beschäftigen uns bis an unser Lebensende immer wieder.

Zugleich lernen Kinder in dieser Lebensphase, ohne die permanente Nähe der Bezugspersonen auszukommen. Die Entwicklung dahin beinhaltet immer wiederkehrende Phasen des »Klammerns«, Schreiens, der Panik. Hier sind Eltern und ErzieherInnen gefordert, sensibel, feinfühlig und vor allem zuverlässig zu reagieren. So kann das Kind das notwendige Vertrauen und die erforderliche Sicherheit für diesen Ablösungsprozess entwickeln.

Kinder empfinden in dieser Lebensphase häufig all das als lebendig, was nützlich oder bewegt ist. Das kann die Puppe oder das Rennauto sein, der Stein, die Wolken, der Apfel oder das Badewasser. Weil Kinder in diesem Alter davon ausgehen, dass alles belebt sein kann, sie also animistisch deuten, trauern sie um ganz anderes als Erwachsene. Die tiefe Trauer um das kaputte Rennauto oder das verlorene Barbiepferd, das jetzt verhungern muss, ist unter diesem Aspekt durchaus verständlich.

Kinder in dieser Lebensphase glauben außerdem, dass das eigene Handeln Einfluss auf die Umwelt habe. Sie sind überzeugt davon, dass sie Ereignisse bewirken oder verhindern können. »Mama, weil ich so gut geschlafen habe, scheint heute die Sonne.« – »Wenn ich für die Oma singe, wird sie wieder ganz schnell gesund.« Dieses »magische Denken«, dass zu einem Teil auch in den Vorstellungen Erwachsener erhalten bleibt, kann dazu führen, dass sich Schuldgedanken manifestieren.

Das Wissen um diese kindliche Weltsicht lässt so manche Ängste, Sorgen und Schmerzen, die das Kind bewegen, verständlicher erscheinen. Kinder benötigen daher immer wieder kindgerechte Informationen und Erklärungen zu bestimmten Zusammenhängen und Ereignissen.

> Laras Familie hat einen Urlaub in Italien geplant. Kurz bevor es losgehen soll, muss die Reise storniert werden, da sich Laras Mutter bei einem Sturz im Haus das Bein gebrochen hat. Lara (vier Jahre) reagiert auf die Nachricht verstört, verzweifelt, weint, zieht sich zurück und schläft in den folgenden Nächten sehr unruhig.
>
> Die Eltern können die tiefe Panik, die sie wahrnehmen, nicht einordnen. Sie wussten, dass Lara sich auf das Meer, den Strand und die Zeit mit ihren Eltern sehr gefreut hatte, aber dass die Absage der Reise derartige Folgen hat, können sie eigentlich nicht glauben. Sie vermuten andere zusätzliche Belastungen. Letztendlich haben

> sie damit recht. Denn nach einiger Zeit stellt sich heraus, dass Lara der festen Überzeugung war, für den Sturz der Mutter verantwortlich zu sein. »Ich bin schuld, dass wir hier bleiben müssen, dass Mama verletzt ist. Ich war so sauer auf Mama, weil ich Simon nach dem Kindergarten nicht besuchen durfte. Da habe ich ihr heimlich in der Nacht gewünscht, dass sie dafür bestraft werden muss, und deshalb ist sie ja dann gefallen.«

Kinder nehmen in diesem Alter nicht nur Befindlichkeiten anderer Menschen und Tiere wahr, sondern sie reagieren darauf. Sie versuchen beispielsweise zu trösten, sind verängstigt, verwirrt oder nehmen eigene Bedürfnisse aus Rücksicht auf andere zurück. Sie selbst empfinden ihre Lebenswelt als sicher und warm, wenn die Bedürfnisse nach Zuneigung, Geborgenheit, Information und Beteiligung erfüllt werden. Überforderung, Ängstlichkeit und Rückzugsverhalten entstehen meist, wenn diese Bedürfnisse nicht wahrgenommen und/oder angemessen erfüllt werden. Das bedeutet nicht, dass grenzenlos alle kindlichen Bedürfnisse erfüllt werden sollten. Kinder brauchen auch Grenzen.

➤ Manche Verluste können Empfindungen von Überforderung und Isolation bei Kindern auslösen. Daher sollten wir dafür sorgen, dass das Kind in solchen Situationen besonders viel Stabilität durch Bezugspersonen und Alltagsstrukturen, die aufrechterhalten bleiben, erfährt.

Um einen Abschied in dieser Altersphase zu gestalten, bieten sich verschiedene Abschiedsrituale an. Zudem sollten Kinder, wenn eben möglich, an Trennungen, fremde Umgebungen oder Menschen behutsam herangeführt werden. Das bedeutet, das Kind im Vorfeld vorzubereiten, Erklärungen zu geben, für eine entspannte, nicht hektische Atmosphäre zu sorgen, dem Kind zu vermitteln, dass Sie selbst der Umgebung und den Menschen vertrauen, in welche Sie Ihr Kind geben. Außerdem sollten Sie Ihr Kind angemessen verabschieden und ihm vermitteln, dass es gut aufgehoben ist und dass Sie ganz sicher wiederkommen werden, um es abzuholen. Manchmal helfen auch kleine Sicherheiten (»Ich lasse meine Handynummer bei Frau Steger, dann kann sie mich für den Notfall erreichen«). Zeigen Sie dem Kind auf einer Uhr, oder wenn es diese noch nicht lesen kann, anhand von Vergleichen (»dein Mittagsschlaf«, »einmal Turnen gehen« …) wie lange Ihre Abwesenheit dauern wird. Immer wieder höre ich, dass Eltern, Großeltern oder Geschwister in solchen Situationen einfach weggehen, ohne sich zu verabschieden. Bitte tun Sie das nicht. Es mag zwar sein, dass Sie damit Protest, Geschrei oder Ihrem eigenen Abschiedsschmerz ausweichen können. Ihr Kind wird so nicht selbstsicher, es weiß dann nicht mehr, ob es Ihnen vertrauen, sich auf Sie verlassen kann. Es befürchtet dann zu Recht, dass Sie es wieder einfach irgendwo allein lassen und womöglich gar nicht wiederkommen. Zudem verwehren Sie Ihrem Kind, sich mit Abschieden und Abschiedsritualen auseinanderzusetzen.

Schulalter

Schulkinder im Alter von ca. sieben bis zwölf Jahren erfassen zeitliche Dimensionen von Vergangenheit, Gegenwart und Zukunft bereits weitgehend. Dadurch können sie persönliche Erfahrungen und Wissen anders ordnen als zuvor. Zudem verfügen sie über erweiterte kognitive Fähigkeiten, auf vielen Ebenen über ein größeres Verständnisvermögen und über ein breiteres inhaltliches Wissen. Sie möchten Zusammenhänge verstehen, sind auf der Suche nach einem eigenen Weltbild und haben daher großes Interesse an sachlichen Fragen, nach Ursachen und Wirkung: Warum fährt das Auto denn nicht ohne Benzin? Warum werden Menschen älter? Warum sind Erdbeeren nicht grün? Warum regnet es? Warum wird in der Wanne die Haut schrumpelig? Warum sind manche Eier braun und andere weiß? Warum ist Lukas so dick? Solche Fragen, die Bezugspersonen zuweilen nerven können und manchmal anstrengend sind, haben nicht nur die Funktion, an neue Informationen zu gelangen und so den Aufbau eines eigenen Weltbildes zu unterstützen, sie sind zugleich auch Mittel der Kontaktsicherung.

➤ Vielleicht ist uns als Bezugspersonen häufig gar nicht klar, dass Kinder durch manche Veränderungs- oder Verlustprozesse sogar in existenzielle Krisen geraten. So zum Beispiel, weil die Oma die Betreuung des Kindes nicht weiterführen kann, die Eltern sich trennen oder der Wohnort, die Kita, die Schule gewechselt werden muss. Kinder können in eine solche innere Not geraten, dass sie daran zweifeln, die grundlegende Lebensveränderung überhaupt zu überstehen. Solche Zweifel, mit der neuen Lebenssituation zurechtzukommen, oder Ängste, die eigene Existenz nicht gesichert zu wissen, können für Kinder zu übermächtigen Belastungen führen, die soweit gehen können, dass sie seelisch und körperlich krank werden.

Zusammenfassend möchte ich noch einmal darauf hinweisen, wie wichtig es ist, Kindern gerade in diesem Alter im Hinblick auf Veränderungs- und Verlustprozesse kindgerechte, sachliche Informationen zukommen zu lassen. Wir können Kindern durch Informationen und klare sprachliche Formulierungen helfen, sich in neuen Lebenssituationen, Abschieds- und Veränderungsprozessen zurechtzufinden.

➤ Bedenken Sie, dass Kinder Gesagtes oft wörtlich nehmen und so schnell Missverständnisse und unnötige Ängste entstehen können. Wählen Sie darum immer eine ehrliche, klare Sprache ohne Umschreibungen.

Eben weil der Umgang mit Veränderungsprozessen von so vielen Faktoren beeinflusst wird und jeder Mensch andere Voraussetzungen für die Bearbeitung dieser Prozesse mit sich bringt, erklärt sich, dass jeder Mensch, ob klein oder groß, unterschiedliche Bedürfnisse und Belastungen während dieser Zeit erlebt.

Bedürfnisse

Um diese große Vielzahl menschlicher Bedürfnisse soll es kurz unter einem anderen Blickwinkel gehen. Hilfreich ist es, eine Ordnung in die Bedürfnisse, die wir haben, zu bringen. Der amerikanische Psychologe Abraham Maslow hat menschliche Bedürfnisse in verschiedene Kategorien eingeteilt. Er stellte fest, dass manche Bedürfnisse Priorität vor anderen haben. In der ersten Stufe fasst Maslow deshalb *Bedürfnisse physiologischer Art* zusammen (Nahrung, Flüssigkeit, Wärme, Schlaf, Luft, …). Sind diese erfüllt, folgen die *Bedürfnisse nach Sicherheit* (Sicherheit, Schutz, Stabilität, Existenzsicherung, Kleidung, Ordnung, …) und darauf die *Bedürfnisse nach sozialen Beziehungen* (Liebe, Lebenspartner, Kinder, soziale Gruppen, soziale Rollen, Geborgenheit, Zuneigung, …). Unter der Kategorie *Individualbedürfnisse* fast Maslow zwei Unterkategorien zusammen. Einerseits den Wunsch nach (mentaler/körperlicher) Stärke, Erfolg, Unabhängigkeit und Freiheit und andererseits die Bedürfnisse, die nur von anderen erfüllt werden können (Ansehen, Prestige, Wertschätzung, Achtung und Wichtigkeit).

Bei den zuvor genannten Bedürfnisse handelt es sich um die sogenannten »Defizitbedürfnisse bzw. Mangelbedürfnisse«. Die nun folgenden Bedürfnisse definiert Maslow als *Wachstumsbedürfnisse*. Dazu gehören *kognitive Bedürfnisse* nach Wissen und Verstehen, *ästhetische Bedürfnisse* nach Ordnung und Schönheit sowie eine weitere Kategorie, die *Selbstverwirklichung*. Hier geht es darum, die eigenen Fähigkeiten auszuschöpfen. Mit welchen Inhalten dieses Bedürfnis gefüllt wird, hängt vom Individuum selbst ab. *Transzendenz* bildet die letzte Kategorie in der Hierarchie und befasst sich mit den spirituellen Bedürfnissen des Menschen.

Nicht erfüllte Bedürfnisse bestimmen unser Verhalten. Flüchtlinge fliehen beispielsweise aus ihrem Heimatland, weil sie nicht genügend Nahrung und Wasser und/oder nicht genügend Schutz erfahren. So lange ein Bedürfnis unbefriedigt ist, aktiviert und beeinflusst es unser Handeln, so Maslow.

➤ Hinsichtlich der Begleitung des Kindes bedeutet dies, dass wir versuchen sollten, hinter dem Verhalten und den emotionalen Reaktionen das aktuelle Bedürfnis des Kindes zu erkennen. Hängt das Kind in der letzten Zeit am »Rockzipfel«, fragt es ständig, wo wir hingehen, oder möchte nur noch bei Licht schlafen, versucht es durch dieses Handeln das unbefriedigte Bedürfnis nach Sicherheit auszugleichen. Solange dieses Bedürfnis nicht befriedigt ist, wird das Kind nicht zur Ruhe kommen.

Resilienz – die psychische Widerstandskraft

Ich möchte unser Thema auch unter dem Blickwinkel der heutigen Resilienzforschung betrachten. Wie Menschen mit Krisen und Lebensveränderungen umgehen, wie viel Stress und Belastung ein Mensch empfindet bzw. wie gut er damit zurechtkommt, hängt von seiner psychischen Widerstandskraft ab. Diese entwickelt sich von Kindheit an. Hier spielen neurobiologische Faktoren, persönliche Eigenschaften sowie die soziale Umgebung und die Erziehung eine wichtige Rolle. Mit den Genen wird Kindern schon ein gewisses Maß an Resilienz mitgegeben. Dennoch ist unsere psychische Widerstandskraft keine feststehende Größe. Wir müssen sie immer wieder neu stärken. Resilienz, so die Forscher, ist die Verfügbarkeit einer Vielzahl von kognitiven, emotionalen und sozialen Ressourcen, um sich in Krisen und nach Verlusten anzupassen und funktionsfähig zu bleiben. In Krisenzeiten ist es wichtig, zu erkennen, über welche persönlichen Ressourcen wir verfügen und wie wir aus ihnen schöpfen können, um die Krise so gut wie möglich zu überstehen.

Für Friedrich Lösel, einen deutschen Psychologen und Kriminologen, ist der größte Schutz im Leben Bindung. Er befasste sich Anfang der 1990er-Jahre mit den Stärken von 146 Jugendlichen aus schwierigen Verhältnissen. Dabei stellte er, wie seine amerikanische Kollegin Emmy Werner in ihrer Kauai-Studie, fest, dass die Jugendlichen die Krisen und Herausforderungen, mit denen sie konfrontiert waren, bestmöglich gestalten und überleben konnten, wenn sie wenigstens eine Person hatten, die sich liebevoll um sie sorgte, ihnen ein Vorbild war sowie Regeln und Grenzen vermittelte. Bindung, so Lösel, macht stark für das Leben mit seinen Krisen. Daraus folgt ein mehrfacher Gewinn, denn Beziehungen machen stark, Stärke schafft Beziehungen und Bindung schafft Resilienz. Resilienz kann demnach als Fähigkeit verstanden werden, förderliche Beziehungen einzugehen und sich Unterstützung bei Personen oder Institutionen zu holen (bei der Bezugsperson, der Erzieherin, Psychologen, der Kirche, beim Jugendamt ...). Um Verluste bestmöglich zu überstehen, ist dies eine wichtige Ressource. Resilienz und damit positive Entwicklung sollte in deutschen Bildungseinrichtungen so früh wie möglich gefördert werden.

Lösel und seine Mitarbeiterin Doris Bender fanden heraus, dass für die psychische Widerstandskraft neben Beziehungsfaktoren auch Persönlichkeitsfaktoren eine wesentliche Rolle spielten. Zu nennen wären hier: Frustrationstoleranz, die Fähigkeit, Beziehungen zu anderen einzugehen, ein Netzwerk von Unterstützern zu haben, sich nicht an alte Gewohnheiten zu klammern, Offenheit für Veränderungen, Optimismus, Humor, emotionale Ausgeglichenheit, konstruktiv mit Herausforderungen umgehen, Flexibilität, Ausdauer und Kraft sowie das Interesse an Hobbys.

Wie können Eltern ihr Kind für Krisen stärken und Resilienz fördern? Auch dazu gibt die Resilienzforschung konkrete und hilfreiche Antworten, die sich in vielerlei Hinsicht mit den Ergebnissen der Trauerforschung decken.

Neben den Beziehungsfaktoren geht es darum, ein warmes, geborgenes Erziehungsklima zu schaffen, in welchem das Kind Anerkennung, Akzeptanz und die Würdigung von Fortschritten erfährt. Seine Fähigkeiten sollen gefördert und es sollte unabhängig von Leistung geliebt werden. Mindestens durch eine Bezugsperson sollte das Kind liebevolle Zuwendung, Normorientierung, Regeln und Grenzen erfahren. Diese Person mit Vorbildcharakter sollte dem Kind Verantwortung übergeben und es herausfordern, ohne es jedoch dabei zu überfordern.

Ein weiterer wichtiger und nützlicher Aspekt, um Probleme zu bewältigen und dem Leben eine neue Perspektive zu geben, ist Intelligenz bzw. Bildung. Kognitive Fähigkeiten erleichtern einen Schulabschluss/Bildungsabschluss und gestatten so bessere Möglichkeiten für die aktive Lebensgestaltung.

Wie auch in der Trauerforschung sind in der Resilienzforschung Selbstwirksamkeit und Selbstbewusstsein wichtige Faktoren um Abschiede, Krisen und Verluste zu überstehen.

Kinder sollten hier schon früh gefördert werden. Eltern und Bezugspersonen sollten das Vertrauen in die Bedeutung der eigenen Person und in das eigene Handeln permanent stärken. Positive Selbstwirksamkeitserwartung sowie die Erwartung, das Problem meistern zu können, hilft es tatsächlich zu lösen – so auch das Ergebnis der Bielefelder Studie von Friedrich Lösel.

Selbstwirksamkeit wird bereits im Säuglingsalter vermittelt. Schon im Säuglingsalter erleben Kinder, dass ihre Bedürfnisse nicht beachtet oder als störend empfunden werden. Diese Kinder entwickeln kaum eine Selbstwirksamkeitserwartung, und es fehlt ihnen an der Zuversicht, Probleme bewältigen zu können.

Wie können wir unsere Kinder noch stärken?

Resilienzforscher wie auch Entwicklungspsychologen meinen: eben nicht, indem wir alle Schwierigkeiten und Probleme von Kindern fernhalten. Eltern neigen gern zum Überbehüten und Schonen, erreichen damit aber meist keine Stärkung des Kindes, sondern eher das Gegenteil. Die Wissenschaftler sind der Auffassung, dass Kinder Freiräume brauchen, um sich selbst und ihre Umwelt zu erfahren. Sie brauchen Raum für Kreativität, um Selbstwirksamkeit zu erleben und eigene Verantwortung, die ihren Fähigkeiten und Möglichkeiten entspricht. Nur so kann Entwicklung erfolgen und Selbstvertrauen entstehen. Deshalb dürfen Eltern nicht zu ängstlich sein. Andererseits müssen sie Kinder darüber aufklären, dass und welche Gefahren ihnen begegnen können, damit sie lernen können, sich selbst zu schützen. Bildung, so haben wir eben erfahren, ist im Zusammenhang mit der psychischen Widerstandskraft ein wichtiger Faktor. Darum lohnt es sich, darauf zu schauen, wie Ihr Kind lernt.

➤ Prüfen Sie doch einmal, mit welchen Gefühlen und Einstellungen (zuversichtlich, ängstlich, angespannt, voreingenommen, belastet …) Ihr Kind an die gestellten Aufgaben geht? Wenn dies eher negativ besetzte Gefühle sind, fragen Sie nach, woran das liegen könnte (Streit mit einem Mitschüler, Ärger mit einer Erzieherin, negative Vorerfahrungen, Angst zu versagen …). Überlegen Sie mit dem Kind, was sie beide tun können, damit es dem Kind besser geht, und geben Sie Anregungen, damit das Kind lernen kann, Probleme selbst zu lösen.

Sie sehen, wie komplex und vielschichtig unser Thema sich darstellt. Verständlicherweise gibt es daher keine allgemeingültige Anleitung, wie Trauer- und Veränderungsprozesse unterstützt werden sollten. Jedes Kind benötigt immer wieder eine sensible Wahrnehmung und individuelle, liebevolle Begleitung durch sein persönliches Lebensumfeld. Es ist wichtig, dass Eltern und Bezugspersonen ein geschütztes und geeignetes Umfeld schaffen, in welchem das Kind sich entfalten und entwickeln kann. Dennoch gibt es sachliche Informationen, wie die zu Trauerprozessen und Trauerreaktionen, die wir zuvor kennengelernt haben, sowie Orientierungshinweise, die dabei helfen, bestmöglich für das Kind da zu sein.

Im folgenden Kapitel wollen wir uns mit diesen Orientierungshinweisen beschäftigen.

7 Kinder bei ihren Abschieden hilfreich begleiten

Ich möchte mit Ihnen darauf schauen, wie wir Kinder bei ihren kleinen und großen Abschieden hilfreich begleiten können. Verluste und Abschiede können Kinder grundsätzlich zwar leicht in ihrem Grundvertrauen erschüttern, dafür haben Kinder aber die Fähigkeit, dass sie dieses Urvertrauen schnell wieder aufbauen können. Mit liebevoller Unterstützung, Anerkennung ihrer Gefühle und Gedanken, mit der Aktivierung der eigenen Ressourcen, können sie sich dem Leben wieder zuwenden und gehen dabei ganz eigene Wege.

In den Jahren meiner Begleitung trauernder Kinder durfte ich unglaublich viel lernen. Mich hat es immer wieder erstaunt und tief berührt, miterleben zu dürfen, wie Kinder es geschafft haben, auch mit schwersten Schicksalsschlägen zurechtzukommen, wieder zu einer tiefen Lebensfreude und Lebenslust zu finden.

> Besonders beeindruckt hat mich die damals zehnjährige Mara, die mit ihren Eltern einen Autounfall erlebte. Beide Eltern kamen bei diesem Unfall ums Leben. Als Mara im Krankenhaus aufwachte, hatte sich ihr Leben schlagartig verändert. Sie war plötzlich elternlos. Mara musste ihre gewohnte Umgebung verlassen, die Wohnung, und damit geliebte Gegenstände, die Schule, die Freunde. Sie wurde liebevoll von einem Onkel und einer Tante aufgenommen, die ihr ein neues Zuhause gaben. Sie selbst trauerten um die Verstorbenen und waren unsicher, wie sie mit ihrer eigenen Trauer gegenüber dem Kind umgehen sollten. Eher verstecken und zurückhalten? Es gab viele Fragen und Befürchtungen, mit denen sich Onkel und Tante auseinandergesetzt haben. Sie ermöglichten Mara, dass sie in einer von Offenheit und zugleich von Wärme geprägten Umgebung einen Weg durch ihre Trauer zu einem anderen, aber dennoch erfüllten Leben finden konnte.

Ich glaube, generell sind wir so ausgestattet, dass wir auch schwere Verluste, starke und sehr intensive Gefühle, erleben und überleben können.

Wahrnehmung, Verständnis und Kommunikation

Kinder teilen uns ihre Trauer meist nicht in unserer »Erwachsenensprache« mit, sondern verwenden Bilder und zeigen durch ihr Verhalten, wie sie sich fühlen. Elternaufgabe ist es, diese Äußerungen wahrzunehmen, zu erspüren, worum es geht, und im oft anstrengenden, stressigen Alltag die feinen Signale, die unsere Kinder aussenden und aus denen wir schließen könnten, dass das Kind trauert, nicht zu übersehen und zu überhören.

Wesentlich ist, dass Kinder in ihrer Trauer wahrgenommen werden und sich verstanden fühlen. Kinder leiden, werden womöglich überfordert, wenn Eltern und Bezugspersonen die Trauer und die damit verbundenen Bedürfnisse des Kindes nicht erkennen und aus Unwissenheit Bedingungen schaffen, die zusätzlich belasten. Zugleich brauchen sie die klare Botschaft, dass Trauer zu unserem Leben gehört, und die Gewissheit, dass wir lernen können, mit ihr zu leben.

➤ Bitte machen Sie sich jetzt nicht zu viele Gedanken, etwas falsch zu machen oder zu übersehen. Häufig reicht es einfach schon aus, das Kind regelmäßig in Ruhe und mit Zeit anzuhören, zu erfragen, wie der Tag war und was es erlebt hat.

Begleitet werden Trauerprozesse, wie wir zuvor erfahren haben, häufig von vielfältigen Reaktionen. Schildert das Kind beispielsweise Schlafstörungen, Albträume, Ängste, Herzklopfen usw., dann sollten Sie hellhörig werden. Wir sollten uns nicht, weil es unangenehm ist, dazu verleiten lassen, wegzuschauen, das Kind abzulenken und damit die Trauer zu überdecken.

Jüngere Kinder, deren verbale und nonverbale Kommunikationsmöglichkeiten sowie deren kognitive Fähigkeiten noch eingeschränkt sind, haben es schwer, mit Verlust und Veränderungsprozessen umzugehen. Veränderungsprozesse können eher zu existenzieller Angst führen, weil Erklärungen noch nicht verstanden werden können und Kinder zugleich die absolute Abhängigkeit von Bezugspersonen spüren. Darum ist es in solchen Situationen besonders wesentlich, dem Kind durch Körperkontakt und beruhigende Worte Geborgenheit und Sicherheit zu vermitteln. Kinder hingegen, die sich bereits kreativ oder über ihr Spiel ausdrücken oder sich verbal verständlich machen können, haben die Möglichkeit ihre Bedürfnisse und Fragen an ihr soziales Umfeld zu geben und so die notwendige Unterstützung zu bekommen.

Grundhaltungen in der Familie

Erlebt das Kind im Familiengefüge eine grundsätzliche Haltung von Respekt, Fürsorge, Liebe, gegenseitiger Wertschätzung und Unterstützung, sind dies Faktoren, die es prinzipiell stark machen für den Umgang mit Krisen. Im Familiensystem sollte zudem ein Umgang mit Belastungen in der Familie vereinbart werden.

Achten Sie darauf, dass Ihr Kind Zeit und Raum zur Verfügung hat, frei zu spielen, sich auszuprobieren, kreativ zu sein. Schützen Sie Ihr Kind unbedingt vor Reizüberflutung (Handy, Tablet, PC, ...) Es ist eine sehr bedenkliche Entwicklung, dass Kinder immer beschäftigt werden, am Tisch bei den Mahlzeiten oder während der Autofahrt. Es gehen viele wertvolle Möglichkeiten verloren, miteinander ins Gespräch und in den Austausch zu kommen. Überprüfen Sie hier vielleicht auch Ihren eigenen Umgang mit den Medien.

Die Familie ist ebenfalls Entwicklungs- und Veränderungsprozessen unterworfen. Strategien im Umgang mit Problemen und Krisen sind nicht von vornherein vorhanden. Sie müssen von der Gemeinschaft entwickelt werden. Die Fähigkeiten und Ressourcen der einzelnen Familienmitglieder werden dabei ebenso eine Rolle spielen wie die Kompetenz der Gemeinschaft, sich auf bestimmte Regeln zu einigen. Hier spielt der Austausch von Gedanken, Gefühlen und Sichtweisen eine große Rolle, damit Vereinbarungen, die in der Familie gelten sollen, gefunden werden können. Konkret gesprochen, kann das bedeuten, dass darüber verhandelt werden muss, wann und wie dem Kind mitgeteilt werden soll, dass die Familie umziehen wird, dass die Oma an der Erkrankung sterben wird, dass das Auto abgeschafft werden muss, weil die finanzielle Situation sich verändert hat usw. Nicht immer sind sich Familienmitglieder von vornherein darüber einig. Patchworkfamilien müssen noch einmal zusätzliche Arbeit leisten. Es kann nicht davon ausgegangen werden, dass überall gleiche Umgangsregeln gelten. Zuvor existierende Familienstrukturen müssen überprüft, neue ausgehandelt und auf einen gemeinsamen Weg gebracht werden.

➤ Möglicherweise klingt das zunächst kompliziert und abstrakt. Erfahrungsgemäß laufen solche Prozesse selbstverständlich ab. Sich dieser Prozesse bewusst zu werden, sie zu reflektieren und gezielt zu bearbeiten, kann eine fruchtbare Auseinandersetzung ermöglichen und erleichtern. Generell sollte daher in Familiensystemen ein offener Umgang mit Krisen angestrebt werden. Ich erlebe immer wieder, wie schwer es Bezugspersonen fällt, Belastungen, die die ganze Familie unweigerlich mit ihren Folgen betreffen, ehrlich zu benennen. Das Unheil soll den Kindern erspart bleiben. Deshalb wird es nicht ausgesprochen. Kinder werden dann nur mit den Folgen konfrontiert. Sie spüren, dass Bezugspersonen nicht sprechen möchten, und fragen darum nicht mehr. Zugleich sind sie mit eigenen Gedanken und Fantasien den Ursachen auf der Spur. Dabei würde der Familienzusammenhalt durch eine gemeinsame Sicht auf Belastungen und Probleme dauerhaft gestärkt. Befindlichkeiten sowie die Bedürfnisse der einzelnen Familienmitglieder könnten eher wahrgenommen und hilfreich begleitet werden.

➤ Wenn Kinder nicht einbezogen werden in wichtige, die Familie betreffende Angelegenheiten, kann dies zu Trauerprozessen führen. Das Kind wird sich verlassen, einsam und ausgeschlossen fühlen. Es muss sich von seinem Wunsch nach Nähe und Ehrlichkeit verabschieden. Das löst Schmerz aus.

> Lindas Mutter trauert. Nach einem heftigen Streit mit ihrer besten Freundin Betty ist der Kontakt nach 15 Jahren enger Freundschaft abgebrochen. Linda (6 Jahre) spürt, dass es ihrer Mutter nicht gut geht, dass sie rote Augen hat und manchmal weint. Auf die Frage, warum Mama traurig ist, antwortet die Mutter nur, dass eben auch Erwachsene mal Probleme haben. Es ist ihr peinlich, darüber zu sprechen, dass es einen so heftigen Streit gab und Betty nicht mehr wiederkommen wird. Sie befürchtet, Linda könnte Angst bekommen, die eigene Freundin zu verlieren. Dabei ist es zum einen nicht

notwendig, den gesamten Streithergang zu schildern, und zum anderen wäre es für Linda leichter, eine ehrliche Antwort zu hören, da sie sich inzwischen unnötige Gedanken darum macht, was sie selbst oder der Vater falsch gemacht haben könnten und wie sie ihre Mutter trösten könnte. Es wäre für Linda hilfreich, erleben zu dürfen, welchen Umgang die Mutter für ihren Schmerz findet.

Veränderungs- und Wandlungsprozesse beobachten

Das bewusste Wahrnehmen von natürlichen Wandlungsprozessen und notwendig wiederkehrenden Lebenskreisläufen in der Natur kann Ängste vor Veränderungen nehmen und eine Sensibilität für individuelle Veränderungen schärfen. Zu spüren, dass unser Leben eingebettet ist in ständige Wandlungsprozesse und diese als natürliche Bestandteile unseres Lebens zu empfinden, kann eine grundsätzlich offenere Haltung zu Veränderungs- und Abschiedsprozessen bewirken. Es werden nicht nur negative Gedanken und Gefühle wahrgenommen, sondern die durch die Veränderung entstandenen positiven Aspekte werden ebenfalls gewürdigt.

➤ Schauen Sie mit Ihrem Kind einmal bewusst darauf, wie es sich vom Baby zum Kleinkind und Kind entwickelt hat oder beobachten Sie zusammen das Wachsen und Blühen einer Blume, die Entwicklung von der Kaulquappe zum Frosch, von der Raupe zum Schmetterling. Hier kann deutlich werden, dass Abschied auch positives Wachstum mit der Entfaltung neuer Möglichkeiten und Fähigkeiten bedeuten kann. Die Furcht vor Veränderungen kann gemildert werden.

Auf bevorstehende Veränderungsprozesse vorbereiten

In der Trauerforschung wurde festgestellt, dass der plötzlich hereinbrechende Tod eines Menschen ein Risikofaktor für das Entstehen komplizierter Trauerprozesse sein kann. Auch andere Verluste sind schwerer zu bearbeiten, wenn sie den Betroffenen plötzlich und unvorbereitet treffen. Das bedeutet, Kinder sollten möglichst frühzeitig auf Veränderungen und Abschiede vorbereitet und informiert werden; und es sollte ihnen Gelegenheit gegeben werden, sich mit den Konsequenzen der Veränderung, des Abschieds auseinanderzusetzen. Es hilft Kindern, mit Veränderungen zurechtzukommen, wenn sie altersentsprechend beteiligt werden.

> Max (5 Jahre) kann durchaus beim unfreiwilligen Umzug in eine andere Stadt helfen. Er kann z. B. einen Karton mit seinen wichtigsten Spielsachen packen, die zuerst im neuen Heim ankommen sollen. Das hilft dabei, sich nicht ohnmächtig ausgeliefert zu sehen und erleichtert den Neueinstieg in der fremden Wohnung mit vertrauten Sachen.

Vielleicht denken Sie jetzt: Aber bei uns steht doch gar keine Veränderung an, das betrifft uns nicht. Das ist unsere »Erwachsenenbrille«, deren Gläser gefärbt sind mit unserem Wissen und unseren Erfahrungen, ohne dass wir diese Färbung wirklich wahrnehmen. Der »Weltsichtbrille« unserer Kinder fehlt diese Färbung noch. Unvorbereitete Veränderungen treffen ungefiltert und können aus der Bahn werfen. Dazu zählen auch Veränderungen und Abschiede, die wir als Erwachsene vielleicht eben nicht als Verlust verstehen. Das kann beispielsweise die vorgesehene Übernachtung des Kindes bei der Oma sein, weil wir ein Partnerwochenende ohne Kind geplant haben, das kann der absehbare Verlust des ersten Milchzahns oder die bevorstehende Einschläferung der Katze oder der gefällte Baum im Garten sein.

Kinder sollten in diesen und vielen anderen Situationen frühzeitig darüber aufgeklärt werden, dass dieses Ereignis bevorsteht und welche Folgen und Veränderungen daraus entstehen werden. Dann können Kinder sich »antizipatorisch«, also vorausschauend mit der neuen Situation und der damit verbundenen Anpassung befassen. Sie können schon vor dem Ereignis Trauerarbeit leisten und aufkommende Fragen und Unsicherheiten an ihre Bezugspersonen herantragen.

➤ Kommen wir als Eltern oder Bezugspersonen in eine Situation, in welcher wir Kindern deutlich machen müssen, dass eine schwerwiegende Veränderung ansteht, überlegen wir automatisch, wie wir den Schock oder den Schmerz, den die Botschaft mit sich bringen kann, mildern können. Wir denken darüber nach, wie wir die Nachricht erträglich gestalten können und wie viel Wahrheit das Kind vertragen kann. Aus diesem gut gemeinten Impuls heraus sollten wir jedoch wesentliche sachliche Informationen nicht verschweigen oder diese unklar ausdrücken. Damit machen wir die Situation für das Kind und den Umgang mit der Veränderung nur schwerer.

Vorbilder

Kinder orientieren sich in ihren Lern- und Entwicklungsprozessen, auch im Umgang mit Verlusten, an Vorbildern. Besonders wichtig sind hier natürlich zunächst die engsten Bezugspersonen: Eltern, Großeltern und Geschwister. Mit zunehmendem Alter beziehen Kinder Menschen aus ihrem sozialen Umfeld (Kindergarten, Schule, Peergruppen) ebenso als Vorbilder ein und werden durch deren Verhalten in ihrem Entwicklungsprozess beeinflusst. Gesamtgesellschaftliche Haltungen, Kultur und Religion, kulturelle Werte und Normen fließen ebenso ein.

Kinder nehmen wahr, ob Bezugspersonen ihr Leben selbstständig gestalten und ihre persönlichen Potenziale dazu nutzen. Sie nehmen wahr, ob Bezugspersonen sich zutrauen, Probleme aktiv anzugehen, ob sie handlungsfähig bleiben und Herausforderungen annehmen oder ob sie ohnmächtig und hilflos reagieren. Deshalb kann es außerhalb von Krisenzeiten wichtig sein zu erleben, dass die Mutter sich zutraut, den Weg zu einer 600 km entfernten Fortbildung allein mit dem Auto zu bewältigen, das neue Regal allein aufbaut, die nächste Reise allein im Internet bucht, der Vater sich das nötige Wissen anliest, um einen neuen Fußboden zu verlegen, ob er sich eine neue Arbeit sucht, weil so viel an seinem alten Arbeitsplatz nicht mehr stimmt, ob er sich zutraut, eine neue Sprache zu lernen usw.

Nahe Bezugspersonen können für Kinder durch ihr Verhalten im Umgang mit Verlust, Krisen und Belastungen Vorbild einer positiven oder negativen Lebensbewältigung sein. Eine häufige Reaktion auf einen Verlust sind Gefühle von Unsicherheit, die meist mit dem Verlust von Selbstsicherheit und Selbstvertrauen einhergehen. Gerade deshalb orientieren sich Kinder in dieser Situation besonders an dem Vorbild ihrer Bezugspersonen. Erleben Kinder, dass diese offenen Umgang mit belastenden, schmerzhaften Gedanken und Gefühlen pflegen sowie die Auseinandersetzung mit Krisen, Belastungen, Ängsten und Sorgen meiden oder unterdrücken, werden sie annehmen, dass sie sich selbst auch so verhalten müssen. Sie werden nicht lernen können, Gefühle auszudrücken, und sie werden enorme Kraft aufwenden müssen, um aufkommende Gefühle immer wieder zu unterdrücken. Diese Kraft steht dann für andere Entwicklungsaufgaben nicht mehr zur Verfügung. Zudem kann die permanente Unterdrückung von Gefühlen zu körperlichen und psychischen Erkrankungen führen. Eine weitere Folge ist, dass Kinder nicht lernen können, starke und intensive Gefühle zu regulieren oder diese zu kontrollieren. Kinder werden glauben, Verluste nicht betrauern zu dürfen, und können den erlebten Verlust daher nicht in das bestehende Lebensgefüge integrieren.

➤ Verantwortliches Vorbild zu sein, bedeutet auch, dem Kind sinnvolle, es schützende Grenzen und Regeln zu setzen und diese zu erklären. Kinder brauchen diesen festen Erziehungsrahmen gerade in Krisenzeiten, um sich daran orientieren zu können.

Ehrlichkeit stärkt Ihr Kind

Kinder und Jugendliche setzen sich in späteren Entwicklungsphasen zwar mit übernommenen Verhaltensmustern noch einmal kritisch auseinander, grundsätzlich ist es jedoch schwer und kräftezehrend, alte Verhaltensmuster aufzugeben und neue Verhaltensstrategien einzuüben. Diese Arbeit können Sie Ihrem Kind ersparen, wenn Sie einen offenen Umgang und eine offene Kommunikation zu Gefühlen und schweren Lebensthemen zulassen und pflegen. Kinder, die in ihrem Lebensumfeld erfahren, dass Verluste, Krisen und Veränderungsprozesse und die Trauer, die damit einhergeht, ganz natürliche Teile unseres Lebens sind, erleben zugleich, dass sie nicht allein sind in solchen Lebenssituationen. Sie spüren, dass sie nicht allein sind in ihrem Schmerz, dass sie ernst genommen werden und Zuspruch, Anerkennung und Trost erfahren können. All das wird ihnen helfen, mit Krisen zurechtzukommen.

Unsicherheiten spüren dürfen

Kinder dürfen spüren, dass Eltern nicht immer alles wissen und nicht immer für jede Situation eine Lösung parat haben. Sie müssen von ihren Eltern lernen dürfen, dass es zum Leben gehört, auf der Suche zu sein, dass wir nicht sofort panisch werden müssen, wenn es nicht auf alles eine Antwort oder eine Lösung gibt. Kinder lernen so in Situationen, in denen sie selbst orientierungslos sind, nach Wegen und Handlungsmöglichkeiten zu suchen.

Erfahrungsräume und Lob

Kinder brauchen bedingungslose Liebe und Fürsorge. Wir sollten ihnen dennoch nicht alles abnehmen. Die Kindheit sollte von uns Eltern tatsächlich als Zeitraum der Entwicklung verstanden werden. Deshalb dürfen wir Kinder nicht überbehüten, denn dann bleiben ihnen neue Erfahrungsräume verschlossen. Das Kind muss sich üben dürfen, es muss nicht alles gleich perfekt machen und Herausforderungen begegnen dürfen, ohne dabei überfordert zu werden. Wir sollten das Kind Verantwortungen übernehmen lassen, die es gut tragen kann.

➤ Beteiligen Sie Ihr Kind deshalb. Lassen Sie es den Tisch mitdecken, auch wenn dabei vielleicht einmal etwas kaputt geht; erlauben Sie ihm, mit zu kochen, auch wenn dann die Küche nicht mehr ganz so sauber ist; trauen Sie ihm den Weg zur Nachbarin allein zu. Sparen Sie nicht mit ehrlich gemeintem Lob, aber übertreiben Sie es auch nicht. So stärken Sie das Selbstbewusstsein und Selbstvertrauen Ihres Kindes.

Kinder brauchen Erfahrungsräume, um ihr Welt- und Selbstbild entwickeln zu können. Sie müssen lernen, Belastungen, kleine wie größere Verluste und Lebenskrisen auszuhalten und dabei trotzdem Kind sein zu dürfen. Ein stabiles Selbstwertgefühl und eine eigene Identität können sich nur entwickeln, wenn Kinder den notwendigen Entwicklungsfreiraum erhalten. Das gilt eben auch für die Erfahrungen mit Verlusten. Damit sich ein persönlicher Umgang mit Verlusten entwickeln kann, benötigen Kinder immer wieder Zeiten und Räume, in welchen sie diese Erfahrungen erleben und

Bewältigungsstrategien entfalten können. So können Kinder innere Sicherheiten und die Zuversicht entwickeln, dass sie mit Lebenskrisen umgehen können. Sie haben die Möglichkeit, zu einem Selbstvertrauen zu finden, dass sie spüren lässt, dass sie an solchen Situationen nicht selbst zerbrechen müssen.

Wir dürfen Kinder von elementaren Lebenserfahrungen nicht ausschließen, denn auf diesen baut die weitere gesunde Entwicklung des Kindes auf. Sie sind notwendig, ähnlich wie die Sinneserfahrungen, die Kinder im Laufe ihrer Kindheit durchleben und die zum »Begreifen« der Umwelt notwendig sind. Kinder brauchen eigene Erfahrungen, um daraus Konsequenzen für sich zu ziehen, (»Was war hilfreich, was nicht?« – »Was macht mir Freude, was nicht?«) Manchmal ist das für uns Eltern und Bezugspersonen anstrengend, wenn Kinder selbstständig sein und ihre Erfahrungen sammeln dürfen. Wenn zum fünften Mal das Wasser am Waschbecken überschwappt, das Anziehen der Strümpfe ewig dauert oder die Marmelade auf der Tischdecke anstatt auf dem Brot landet. Wenn das Geschrei und der Kummer groß sind, weil das Kind sich beim Schneiden mit der Schere verletzt hat oder die Erfahrung machen musste, dass der beste Freund sich von ihm abwendet und lieber mit dem Neuen spielen möchte, der einen supercoolen Fußball besitzt. Äußere und innere Verletzungen gehören zu entscheidenden Erfahrungen, die Kinder machen müssen, um eigene Handlungsmöglichkeiten und Ressourcen kennenzulernen. Fehler können als hilfreich erlebt werden und als überlebenswichtige Lernfelder.

Zeit

Es ist wesentlich, dem Kind die notwendige Zeit zuzugestehen, sich mit Abschieds- und Veränderungssituationen auseinanderzusetzen. Damit wir nicht zu ungeduldig sind, sollten wir uns an eigene Erlebnisse erinnern, bei denen wir selbst Zeit gebraucht haben, um uns an eine neue Lebenssituation zu gewöhnen. Sicher wird es zukünftig Situationen geben, in denen wir selbst Zeit benötigen, um Altes zu verabschieden und Neues beginnen zu können. Gestehen Sie Ihrem Kind die Zeit zu, die es für seinen Prozess braucht.

Sachliche Informationen und Verletzungen

Kinder brauchen immer wieder sachliche, neutrale, nicht wertende Erklärungen zum Geschehen und zu sich selbst. Sie sollten auf neue Situationen vorbereitet werden. Sie benötigen Informationen zu Zusammenhängen und sollten in Entscheidungsprozesse und in Überlegungen zu grundlegenden familiären Veränderungen einbezogen werden. Kinder brauchen Hinweise zu eigenen Gefühlsreaktionen und Angebote, wie sie damit umgehen können.

Kinder wie Erwachsene haben in besonders belasteten Lebenssituationen die Sorge, dass sie »unnormal« seien. Sie erleben möglicherweise auch, dass Bezugspersonen, andere Erwachsene aus dem Lebensumfeld oder andere Kinder sie tatsächlich als »anormal« bezeichnen. Sie erfahren aus ihrem sozialen Umfeld vielleicht auch Spott, Abwertung oder Entwürdigung in Bezug auf ihren Verlust und dessen Auswirkungen. Das löst Unsicherheit und Angst aus.

> Robin (fünf Jahre) ist unglaublich traurig und untröstlich, weil sein Opa für sechs Wochen in Kur fährt. Er hängt sehr an seinem Großvater, der ihn nach dem Kindergarten abholt, mit ihm spielt und neben seinen Eltern die wichtigste Bezugsperson für ihn ist. Im Kindergarten erzählt Robin im Morgenkreis davon, dass er nicht gut schlafen kann und so traurig darüber ist, dass der Opa so lange weg sein wird. Lukas kommentiert das Gesagte mit: »Oh nein, Robin, du bist doch wohl kein Baby mehr. Das ist ja gar nix, ich musste schon mal ohne meine Mama auskommen, da war ich selbst noch ein Baby.«

➤ Wir können Kinder unterstützen, indem wir ihnen immer wieder bestätigen, dass ihre Verhaltensweisen, ihre Gedanken und Gefühle normal sind. Wir sollten erklären, dass viele verletzende Reaktionen anderer Kinder ein Ausdruck eigener Unsicherheit und Angst sind. Bestätigen Sie Ihrem Kind, dass es den Verlust als Verlust empfinden darf. Legen Sie dem Kind dar, dass ein schmerzliches Gefühl eben nur entstehen kann, wenn es eine enge Bindung gibt. Erklären Sie, dass Menschen unterschiedliche Bindungen eingehen und dass deshalb nicht alle Menschen jeden Abschied oder jede Veränderung gleich empfinden. Ermutigen Sie Ihr Kind, eigene Gefühle ernst zu nehmen und dazu zu stehen. Stärken Sie Ihr Kind, indem Sie ihm mitteilen, dass seine Empfindungen ganz natürlich sind.

> Jonas' Opa lebte bisher im Haus nebenan. Jetzt liegt er seit drei Wochen im Krankenhaus. In den ersten Wochen auf der Intensivstation durfte Jonas (6 Jahre) ihn nicht besuchen. Endlich darf er jetzt zu ihm. Er freut sich schon sehr und erwartet den Opa so vorzufinden, wie er ihn das letzte Mal gesehen hat. Als er seinen Opa dann, ohne vorherige Erklärungen, sieht, ist er bestürzt und rennt aus dem Zimmer. Auf dem Flur begegnet ihm noch eine Gruppe weiß und grün gekleideter Menschen. Das bringt ihn gänzlich aus der Fassung. Er weint, zittert und kann sich kaum beruhigen. Seine Eltern können zunächst nicht verstehen, was passiert ist. Für sie sieht der Opa schon wieder ganz gut aus. Sein Zustand hat sich im Vergleich zu den ersten Wochen sehr verbessert und schon sehr bald kann er entlassen werden.

Die Eltern von Jonas haben bei allem, was in den letzten Wochen zu tun und zu bedenken war, in ihren Sorgen um den Vater und Schwiegervater nicht daran gedacht, dass Jonas viele, für sie selbstverständliche Informationen fehlen. Jonas hatte sich nicht vorgestellt, dass Opa so krank aussehen würde, fast wie ein Gespenst. Er hat nicht gewusst, dass sich seine Stimme ganz anders anhört, er so anders riecht und seine Arme von den Infusionen ganz schwarz und blau sind. Er wusste nicht, dass neben dem Bett ein Katheder hängt, der mit rot verfärbtem Urin gefüllt ist. All diese Eindrücke, die Jonas unvorbereitet getroffen haben, haben Angst und Panik ausgelöst. Auf dem Flur dann noch der Visite in die Arme zu laufen, dieser Menge großer Menschen in grüner oder weißer Kleidung, hat ihn noch mehr verunsichert. Sicher sind die alle gekommen, weil es dem Opa wieder ganz schlecht geht und er jetzt gleich sterben muss.

Manchmal sind Kinder erschrocken über ihre eigenen Reaktionen auf Veränderungen, Abschiede oder Verluste. Die aufkommenden Gefühle und Gedanken sind ihnen fremd und/oder sie schämen sich dafür.

> Melvin (7 Jahre) schämt sich, weil er beim Anblick seiner kranken Oma, die sich durch die Krankheit sehr verändert hat, furchtbar würgen musste. Felix läuft weg, als er beim Optiker eine Brille bekommen soll, und Milena hat Sorge, ein Alien zu sein, weil sie immer wieder schreckliche Träume hat und manchmal sogar wieder ins Bett macht. Dass dies normale Reaktionen auf den Tod ihres Hundes Cora sein können, weiß sie nicht.

Kinder verstehen nicht, warum sie plötzlich ängstlich sind, Bauchschmerzen oder Albträume haben. Wir sollten immer wieder deutlich machen, dass dies normale Reaktionen auf den Verlust sind. Zudem ist es sinnvoll, wenn mehrere nahe stehende Menschen von einem Verlust betroffen sind, wie z. B. in Milenas Fall, wo auch Mutter und Vater unter dem Verlust des Hundes leiden, Kinder über das mögliche Trauerverhalten von Erwachsenen aufzuklären. Ängste, falsche Rückschlüsse oder Schuldgefühle bei den Kindern können so verhindert werden.

Freude ist Selbstfürsorge

Um mit Belastungen zurechtzukommen, ist es wichtig, persönliche Ressourcen immer wieder zu füllen. Sich mit Dingen zu beschäftigen, die Freude machen, stärkt eine positive Sicht auf sich selbst und das Selbstbewusstsein. Dies wiederum führt dazu, dass Kinder sich zutrauen auch mit schwierigen Lebenssituationen, mit Abschied und Veränderung zurechtzukommen.

➤ Kinder sollten deshalb immer wieder ermutigt werden, gut für sich zu sorgen. Sie sollten bestärkt werden, ihren Hobbys nachzugehen, Dinge zu tun, die ihnen Freude machen und die Kontakt, Kreativität und Bewegung fördern.

Essen, Trinken und Schlafen

Eine wichtige Voraussetzung, um Krisen zu überstehen, ist die Erfüllung von Grundbedürfnissen. Sorgen Sie für regelmäßige und gesunde Mahlzeiten und genügend Flüssigkeitszufuhr. Essen Sie so oft wie möglich zusammen und nutzen Sie diese gemeinsame Zeit zum Austausch. Bringen Sie ihr Kind zu geregelten Zeiten ins Bett und achten Sie darauf, dass es genügend Schlaf bekommt. Rituale vor dem Einschlafen und vertraute Lebensabläufe erleichtern den Umgang mit Verlusten und geben dem Kind Sicherheit.

➤ Es ist ein normales Verhalten, auf Veränderungsprozesse, die das Kind körperlich, seelisch beschäftigen, mit Einschlafproblemen zu reagieren. Bei schweren Verlusten, Trennungen, schweren Krankheiten oder Tod kann diese Reaktion sich über einen längeren Zeitraum erstrecken. Versuchen Sie, auch wenn das sicherlich nicht immer leicht ist, nicht mit Druck oder Ärger auf Einschlafstörungen zu reagieren. Schläft Ihr Kind schlecht ein, können Sie versuchen, durch Tees, Kuscheln, Lavendelöl, warme Milch mit Honig, Entspannungsbäder, entspannende Massagen, Atemübungen oder Geschichten das Einschlafen zu erleichtern. Gehen Sie geduldig mit Ihrem Kind um, wenn das Einschlafen nicht so schnell funktioniert. Meist leiden die Kinder selbst unter den Einschlafproblemen.

Wird Ihr Kind von starken Ängsten geplagt, die das Einschlafen verhindern, kann es helfen, die Sorgen und Nöte aufzuschreiben oder aufzumalen und sie neben dem Bett »abzulegen«. Sorgenpüppchen (gekauft oder mit dem Kind zusammen hergestellt) können ebenfalls eine Einschlafhilfe sein. Möglicherweise verlangt Ihr Kind, dass Sie bei ihm bleiben, bis es eingeschlafen ist. Gestehen Sie Ihrem Kind das Bedürfnis nach Nähe in einer schwierigen Zeit zu. Vielleicht können Sie sich, je nach Dauer der Einschlafstörung, mit anderen Bezugspersonen abwechseln. Geben Sie Ihrem Kind in dieser Situation so viele Sicherheiten wie möglich. Erklären Sie ihm, wo Sie sich für den Rest des Abends aufhalten werden, sagen Sie ihm, dass Sie später noch einmal nach ihm schauen werden, lassen Sie ein »Übergangsobjekt«, einen Pulli oder etwas anderes von sich, bei Ihrem Kind. Vereinbaren Sie gleichzeitig mit dem Kind, dass es auch wieder Zeiten geben muss, in denen es allein einschläft.

Häufig zeigt sich innere Anspannung gleichzeitig auf anderen körperlichen Ebenen. Es kann zu Verspannungen, und Blockaden kommen. Vielleicht versuchen Sie es einmal mit einer abendlichen Massage. Die bringt für beide Seiten Freude, entspannt und trägt zudem zu einem positiven Körperempfinden bei. Außerdem wirkt die körperliche Zuwendung und Berührung wohltuend und beruhigend.

Mögliche Massagen können das Pizza backen, die Bürstenmassage oder eine Massage mit einem kleinen, weichen Ball sein. Hinweise dazu finden Sie im Kapitel 11. Hilfreich können zudem Atemübungen oder der Einsatz von aromatherapeutischen Ölen sein.

Zuverlässige, stabile Beziehungen

Kinder brauchen stabile Beziehungen und liebevolle, zuverlässige Bezugspersonen, damit sie ihre Abschiede und Veränderungsprozesse bearbeiten können. Sie brauchen Menschen, die ihnen Entwicklung zugestehen und sie nicht unter Leistungsdruck setzen. Kinder müssen nicht funktionieren, schon gar nicht im Umgang mit Verlusten. Sie müssen leiden und wieder zu einem inneren Gleichgewicht finden dürfen. Dafür brauchen sie Zeit und Menschen, die ihr Leiden zulassen und aushalten. Wenn Kinder das Gefühl haben, sie werden nur unter bestimmten Bedingungen geliebt, können sie sich nicht ausprobieren, sich nicht entfalten und keine eigenen Wege entdecken. Sie haben dann das Gefühl, nur Zuneigung zu bekommen, wenn sie Leistungen zeigen und funktionieren. Die Folge ist, dass Kinder ihre Gefühle unterdrücken, sie gar nicht erst kennenlernen und daher auch nicht den Umgang mit ihnen lernen können. Zudem reduziert sich das Selbstbild des Kindes darauf, dass es nur ein geliebter, wertvoller Mensch ist, wenn es die Forderungen des sozialen Umfeldes erfüllt. Kinder werden dann zu Erwachsenen, die meinen, sich immer anpassen zu müssen, die es allen recht machen möchten. Da dies nicht möglich ist, werden Minderwertigkeitsgefühle und Versagensgefühle großen Raum in der Persönlichkeit dieses Menschen einnehmen.

> In der Begleitung arbeitete ich mit einem zehnjährigen Mädchen zum Thema Bedürfnisse. In der kreativen Arbeit gestaltete sie ein Bild mit folgendem Text: »Ich muss nicht perfekt sein und bin trotzdem liebenswert.«

Erwartungen und Werte prüfen

In einer Familie ist es wichtig, darauf zu schauen, welche Werte und Erwartungen wir in unser Familiensystem aufnehmen, welche Rollenerwartungen wir an Familienmitglieder haben. Wenn wir selbst immer stark sein oder so wirken möchten, haben wir oft ebensolche Erwartungen an andere. Das macht es Kindern in einer Familie schwer, weil sie glauben, wer Gefühle zeige, sei schwach.

Gesten und Körpersprache

Kommunikation besteht nicht nur aus Worten. Manchmal fehlen uns auch ganz einfach die Worte. Wir sind sprachlos. Mithilfe von Körpersprache können wir dem Kind mitteilen, dass wir liebevoll, fürsorglich da sind, offen und bereit, zuzuhören, mit auszuhalten. Kleine Gesten und Berührungen zeigen dem Kind unser Verständnis und unsere Nähe.

➤ Bitte beachten Sie, dass Kinder immer das Recht haben, Körperkontakt abzulehnen, ohne dass sie Ablehnung oder Bestrafungen fürchten müssen. Es kann für Bezugspersonen schwer sein, ablehnende Haltungen des Kindes zu ertragen. Schnell gelangen wir in eigene Verzweiflung, weil wir das Gefühl haben, nicht helfen zu können und keinen Zugang zum Kind zu finden. Manchmal möchten wir mit Gewalt einen Kontakt erzwingen. Zwang wird das Gegenteil bewirken. Wir erreichen nur, dass sich das Kind zurückzieht. Damit solche Situationen nicht eskalieren, sollten wir rechtzeitig Unterstützung hinzuziehen. Das kann je nach Sachlage ein einfacher Rückzug und kurzzeitiger Abstand, ein Gespräch mit einer Vertrauensperson oder auch professionelle Hilfe sein.

Gelegenheiten, in Kontakt zu sein

Ich habe festgestellt, dass in Lebensgemeinschaften Gelegenheiten für einen Austausch und Gespräche immer seltener werden. Gemeinsame Mahlzeiten und Abendrituale fehlen häufig. Eltern sind durch berufliche und häusliche Verpflichtungen sehr eingespannt, oft überfordert. Es bleibt kaum Zeit, um für eigene Ruhe und Entspannung zu sorgen. Gespräche am Familientisch gehören immer seltener zum festen Tagesablauf.

Kinder benötigen aber eben diese Räume regelmäßig, um sich mitteilen zu können. Nicht immer können sie über ihre Sorgen per Knopfdruck sprechen. Es braucht Gelegenheiten, um ins Gespräch zu kommen. Gemeinsame Mahlzeiten, Spaziergänge oder Autofahrten können hier z. B. eine Möglichkeit für Austausch bieten. Deshalb kann es wichtig sein, den Fernseher, CD-Player, das Tablett, das Handy, den PC oder den Nintendo einmal ausgeschaltet zu lassen.

➤ Überprüfen Sie Ihren Alltag noch einmal. Vielleicht gibt es Stellen, an denen Sie neue Prioritäten für sich und Ihre Familie setzen, Veränderungen einführen, die zu unserem Thema passen: Altes verlassen und Neues beginnen können.

Erzählen dürfen und Anerkennung erfahren

Kinder, die schon sprechen können, brauchen Gelegenheiten sich mitzuteilen. Im Zusammenhang mit unserem Thema geben Gespräche die Möglichkeit, den erlittenen Verlust zu begreifen. Darüber zu sprechen, dass die beste Freundin umziehen wird, dass die gewohnten Treffen im Kindergarten und die gemeinsamen Spielnachmittage wegfallen werden, ist ein wichtiger Schritt in der Bearbeitung des Verlusts.

Es tut Kindern gut, im Gespräch zu spüren, dass andere Menschen an ihrem Erleben interessiert sind und zuhören. Anerkennung des Verlusts und Anteilnahme zu erfahren, sind wesentliche Hilfen im Trauerprozess.

> Es hilft Laura (drei Jahre) zu hören, dass Mama verstehen kann, welch unendliche Katastrophe es für Laura ist, dass Vivien umziehen wird. Lauras Mutter hingegen wird die Bedeutung, die Vivien für Laura hat, noch einmal klarer. Im Kindergarten sind die beiden ein gutes Team, sie unterstützen und beschützen sich gegenseitig. Ohne Vivien fühlt Laura sich auf vielen Ebenen schwach und unsicher. Lauras Mutter kann aufgrund dieser und weiterer Informationen, die sich aus den Gesprächen mit Laura ergeben, die Bedürfnisse ihrer Tochter wahrnehmen und gezielt unterstützen.

> Sie nimmt Laura in den Arm, als sie weint, und versichert ihr, dass sie weinen darf, wenn sie traurig ist. Sie spricht mit der Erzieherin, um auf dieser Ebene für Unterstützung zu sorgen. Sie macht Laura Angebote, wie sie Kontakt zu Vivien halten kann, und ermutigt Laura, neue Kontakte zu knüpfen. Sie regt Laura dazu an, am Kindertanzen teilzunehmen oder Kinder aus dem Kindergarten nach Hause einzuladen. Laura fühlt sich verstanden und aufgehoben, trotz ihres Schmerzes. Es tut ihr gut, dass Mama auch nach längerer Zeit immer einmal wieder nachfragt, wie sich die Situation für Laura verändert hat, was schon leichter geht und was noch schwer für sie ist.

➤ Versuchen Sie daran zu denken nachzufragen, wie es Ihrem Kind auch längere Zeit nach dem Verlust geht. Mithilfe einer Bezugsperson den Verlust noch einmal zu reflektieren und zu schauen, was sich positiv verändert hat, stärkt Ihr Kind für zukünftige Verluste. Sie können zudem gezielter und hilfreicher unterstützen, wenn Sie wissen, was für Ihr Kind noch schwer ist.

Aktives Zuhören üben

Kinder sollten allerdings nicht zum Sprechen gezwungen werden, wenn sie nichts sagen möchten. Üben Sie, aktiv zuzuhören, ohne schon daran zu denken, was Sie antworten möchten. Wenn möglich, sollten Wertungen oder Interpretation im Kopf weggelassen werden. Schauen Sie Ihr Kind an, wenden Sie sich ihm zu und zeigen Sie ihm durch eine offene Körperhaltung, dass Sie ganz für es da sind. Nehmen Sie sich Zeit und lassen Sie Gesten, Mimik und Worte auf sich wirken. Es hilft dem Kind, wenn Sie anschließend eine kurze, nicht wertende Zusammenfassung des Gehörten in einer leicht veränderten Form geben. So vermeiden Sie unnötige Missverständnisse. Sie machen dem Kind deutlich, was Sie verstanden haben, und können sich zudem selber vergewissern, ob Sie das Gesagte auch tatsächlich richtig verstanden haben: »Ich sehe, dass du traurig bist und ich habe verstanden, dass es dir schwer fällt, eine neue Freundin zu finden. Niemand ist wie Vivien.«

Einladend fragen

Wenn wir etwas von unserem Kind wissen möchten, sollten wir dies in einer einladenden Form tun: »Magst du mir erzählen, wie es heute im Kindergarten war?« – »Darf ich dich noch mal fragen, wie es dir jetzt ohne Laura im Kindergarten geht?« Wir sollten dem Kind die Freiheit geben zu entscheiden, ob es in der jeweiligen Situation auf so intime Fragen antworten möchte oder nicht. Manchmal fragen wir vielleicht in einer Situation, in der das Kind sich mit der Frage überfordert fühlt. Dann sollten wir das »Nein« auch als solches respektieren. Ihr Kind wird sich akzeptiert fühlen. Sie können dann vorschlagen, ein anderes Mal darüber zu sprechen.

➤ Grundsätzlich werden Sie selbst das beste Gespür dafür haben, warum Ihr Kind vielleicht nicht sprechen kann oder möchte. Lehnt Ihr Kind dauerhaft ein Thema ab oder haben Sie das Gefühl, dass noch andere Belastungen dahinter stehen, sollten Sie weiter das Gespräch suchen und/oder auf der spielerisch-kreativen Ebene versuchen, Zugang zu Ihrem Kind zu finden. Sollten Sie auch darüber keinen Zugang finden, aber das Gefühl nicht loswerden, dass das Kind etwas bedrückt, suchen Sie das Gespräch mit anderen Bezugspersonen, mit anderen Eltern, Erziehern oder gegebenenfalls professionelle Hilfe.

Rückmeldungen geben

Noch immer geht es um Zuhören und Sprechen. Das mag Ihnen vielleicht ein wenig zäh oder übertrieben erscheinen, letztendlich ist es jedoch langfristig nicht nur im Zusammenleben mit dem Kind, sondern auch in der Begegnung und Kommunikation mit anderen Menschen hilfreich, diesen Hinweisen Beachtung zu schenken. Es ist z. B. sinnvoll, dem Kind eigene Gefühle, die beim Zuhören auftauchen, zu spiegeln. Wir unterstützen die Selbstwahrnehmung des Kindes, indem wir behutsam Gefühle, Gedanken und Bedürfnisse des Kindes wiederholen. Das hilft, sich neu zu ordnen und zu möglichen Entlastungen zu finden. Zudem geben emphatische Rückmeldungen auf das Gesagte dem Kind das Gefühl, verstanden zu werden, und vermitteln Anteilnahme: »Das tut mir leid.« – »Das ist sicher sehr schwer für dich.« »Du bist sehr traurig, dass höre ich.«

Rollenspiele, Basteln, Vorlesen und Singen

Kinder können einen Umgang mit traurigen, belastenden Gefühlen lernen, ohne davon überwältigt zu werden. Diese Strategien werden in zukünftigen schweren Lebenssituationen hilfreich sein. Malen, singen, schreiben, Tonarbeiten können zum Beispiel Angebote sein, die entlasten. Zudem wird der veränderte Lebenskontext während des »Tuns« noch einmal neu geordnet und andere Sichtweisen werden eröffnet. Jüngere Kinder setzen sich gerade im Spiel mit diesen Veränderungsprozessen auseinander.

Kinder brauchen Möglichkeiten, ihre Ängste, Sorgen und ihre Trauer zu äußern und sich mit ihnen auf kindliche Art in spielerischer Form auseinanderzusetzen. Werden Ängste, Sorgen und Trauer erst einmal dargestellt, ob verbal oder gestalterisch, verlieren sie an Größe. Das Kind kommt so aus der in der Trauer häufig empfundenen Ohnmacht in eine aktive Rolle. Es kann die eigene Befindlichkeit in Bildern erzählen und diese Bilder aktiv mitgestalten. Für Sie als Bezugspersonen ist das Spiel (beobachtet oder gemeinsam) eine gute Möglichkeit, die Sorgen und Ängste des Kindes kennen und verstehen zu lernen. Über das Spiel oder über Basteln, Malen, Vorlesen oder Singen können Sie Kontakt zu den Dingen finden, die die Seele Ihres Kindes bewegen. Gemeinsam ein Buch oder auch einen Film anzuschauen, in welchem es um Kindersorgen geht, erleichtert es dem Kind, anschließend Bezug auf das eigene Erleben zu nehmen. Protagonisten, auch die der eigenen Fantasie, können Belastungen, die das Kind betreffen, meist viel eher formulieren. Beobachten Sie darum, was und wie Ihr Kind spielt. Bieten Sie Rollenspiele zu Themen an, von denen Sie den Eindruck haben, dass sie für ihr Kind schwer sind. Im Spiel kann neben dem Ausdruck der Belastung zudem zu Lösungen oder Handlungsalternativen gefunden werden. Diese müssen nicht immer realistisch sein. Manchmal ist es hilfreich, z. B. der Angst einen neuen imaginären Platz zuzuweisen oder ihr ein anderes »Kleid« anzuziehen.

Lieder, Märchen und Geschichten erzählen von der Vielfalt des Abschiednehmens, von Verlust und den damit verbundenen Gefühlen und Konsequenzen für den Betroffenen. Sie sprechen aber auch davon, welche möglichen Wege der Bearbeitung Protagonisten für sich finden und wie sie trotz des erlebten Schicksalsschlags ihr Leben mit Hoffnung und Zuversicht weiter leben und lieben. Kinder können hieraus eigene Wege ableiten, können für sich passende Bilder entwickeln.

Greifen Sie die Geschichten auf, die das Kind selbst erzählt, lassen Sie sich auf die Welt der kindlichen Fantasie ein und unterstützen Sie Ihr Kind, zu heilsamen Bildern zu finden.

➤ Sorgen Sie sich nicht, wenn Sie feststellen, dass Ihr Kind Themen wie Trennung, Tod, Gewalt, Krankheit, Abschied usw. im Spiel aufgreift. Bitte verbieten Sie die spielerische Bearbeitung von schweren Themen nicht. Damit würde dem Kind eine wichtige Möglichkeit der Auseinandersetzung genommen. Dennoch brauchen Kinder hier auch Grenzen. Der schon erwähnte Grundsatz »Kein Lebewesen darf verletzt und Dinge von anderen Menschen dürfen nicht zerstört werden« sollte eine Grundregel sein.

Es ist wichtig, dass Trauer, Angst und Sorgen sich in Worten, Bildern, Musik und anderem gestalterischem Tun ausdrücken können. Geben Sie Ihrem Kind darum Anregungen und Impulse. Wichtig ist, dass Ihr Kind Möglichkeiten hat, sich selbst und seine Stärken kennenzulernen. Machen Sie dem Kind Angebote für eine kreative, spielerische oder verbale Auseinandersetzung. Im Kapitel 11 finden Sie einige Hinweise hierzu. So kann Ihr Kind lernen, seine Verluste zu bearbeiten. Solches Tun fördert zudem die Selbstwahrnehmung und hilft dabei, persönliche Fähigkeiten zu entdecken.

Denken Sie bitte daran, wann immer es möglich ist, die Stärken und Talente Ihres Kindes zu fördern. Gerade das, was Kinder gut können, was Freude macht, gibt Selbstvertrauen und Selbstsicherheit. In Krisen sind diese Gefühle wichtig. Gerade weil Abschieds- und Veränderungsprozesse auch Selbstbewusstsein und Sicherheit erschüttern, ist der Rückgriff auf Dinge, die ein Mensch gut kann, hilfreich. So können ohne große Kraftanstrengung neue Sicherheit gewonnen und Selbstwirksamkeit erfahren werden. Auf dieser Basis fällt es leichter, sich an die neue Lebenssituation anzupassen.

Malen

Bieten Sie Ihrem Kind an zu malen, oder malen Sie gemeinsam mit ihm. Es kann zu bestimmten Fragestellungen gemalt werden (problemorientiert, ressourcenorientiert, lösungsorientiert). Hier eine kleine Auswahl, die Sie ergänzen oder konkreten Situationen anpassen können. Impulsfragen könnten sein:
- Was macht dir Freude?
- Wann fühlst du dich froh?
- Wie fühlt es sich an, glücklich zu sein?
- Wie fühlt es sich an, wenn du traurig bist?
- Was machst du, wenn du wütend bist?
- Wo bist du am liebsten, wenn du traurig bist?

Oder:
- Wie fühle ich mich?
- Was wünsche ich mir?
- Was macht mich froh und was macht mich traurig?

Sie können z. B. auch einen Koffer als Rahmen vorgeben und beispielsweise folgende Fragen an das Kind richten: »Stell dir vor, du machst eine Reise. Was würdest du mitnehmen, was möchtest du loswerden, was willst du zurück lassen?« Diese Fragen können Sie nach Bedarf variieren. Wenn Sie spüren, dass es Ihrem Kind schlecht geht, können Sie das Angebot machen, einen Rettungsring auszumalen oder zu beschriften. Er kann ausgefüllt werden mit Symbolen, Wörtern, Zeichnungen. Impulsfragen können sein: »Was würde dir in deiner Situation helfen, nicht unterzugehen?« Das Kind kann sich durch diese Übung auf seine persönlichen Ressourcen besinnen. Dies wiederum kann dabei helfen, aus einer schweren Situation zu gelangen. Übrigens sind diese Anregungen auch zur persönlichen Bearbeitung und Reflexion geeignet und hilfreich.

Eine weitere Idee wäre es, einen Engel zu malen oder zu basteln. Hintergrundidee wäre zu erfahren, was das Kind sich an Unterstützung wünscht. »Was sollte dein persönlicher Schutzengel für dich tun? Ihrer persönlichen Fantasie sind keine Grenzen gesetzt. Es gibt sicherlich noch viele andere Möglichkeiten, auf dieser Ebene Zugang zu Belastungen und Bedürfnissen Ihres Kindes zu finden. Die zuvor genannten kreativen Tipps sowie weitere Ideen finden Sie im Kapitel 11 als Kopiervorlage bzw. Bastelanleitung.

In Bewegung kommen, Anspannungen abbauen

Sich in einer Krise körperlich positiv wahrzunehmen und in Bewegung zu kommen, tut gut. Bewegung und sportliche Aktivitäten können Talentfelder und Ressourcen sein. Generell ist Bewegung in belastenden Zeiten hilfreich. Stress und Unruhe können bearbeitet werden. Menschen können aus ihrer inneren Erstarrung finden. Gehen Sie darum mit Ihrem Kind raus, toben Sie mit ihm und sorgen Sie ebenfalls dafür, dass es sich mit Gleichaltrigen auch außerhalb des Kindergartens und der Schule verabredet. Soziale Kontakte und der Rückgriff auf Netzwerke erleichtern das Durchleben von Krisen.

Gefühle erleben und Umgang lernen

Gefühle sind ein fester Bestand unserer Lebenswelt. Sie begleiten uns mal mehr, mal weniger intensiv und bestimmen mit über unsere Gedanken und Handlungen. Sie können belasten, uns aus der Bahn werfen, uns verwirren, uns stärken, uns vor Gefahren warnen und so vieles mehr. Im Zusammenhang mit Verlusten spielen Gefühle eine wesentliche Rolle. Wir müssen lernen, mit den manchmal widersprüchlichen und intensiven Gefühlen, die den Verlust begleiten, umzugehen. Dies ist ein Lernprozess wie Laufen oder Sprechen lernen. Es ist notwendig, Gefühle in ihrer Vielfältigkeit erst einmal wahrzunehmen.

Neben Malen, Bewegen und Gestalten können Sinnesübungen, die zugleich viel Spaß machen, wie das Erfühlen von Alltagsgegenständen im Dunkeln, dabei helfen, unterschiedliche Gefühle zu identifizieren. Das Ertasten von Gegenständen löst Gefühle aus: Angst, Wohlgefühl, Freude, Ekel, Unsicherheit. Sie können auch Smileys zur Deutung von Gefühlen nutzen oder ein Ratespiel machen, bei dem Gefühle anhand von Situationen beschrieben werden müssen, ohne das entsprechende Adjektiv zu nennen. Eine weitere Variante könnte sein, dass Gefühle vorgespielt werden, die erraten werden müssen. Eine andere Möglichkeit ist die Beschäftigung mit einem Gefühlsquartett, Emotionskarten oder entsprechender Literatur zum Thema. Im Kapitel 11 finden Sie dazu ebenfalls Hinweise.

Wahrgenommene Befindlichkeiten spiegeln

Nehmen Sie Gefühle bei Ihrem Kind wahr, die Ihnen Gedanken machen, sprechen Sie das Kind drauf an. »Ich habe den Eindruck, dass du sehr traurig bist.« – »Ich habe den Eindruck, du bist bedrückt. Was macht dir Sorgen?« – »Ich glaube, du bist ganz schön wütend.« Wenn möglich, versuchen Sie diese Gefühle wertfrei zu spiegeln, ansonsten verschließen Kinder sich sehr schnell und behalten ihre Befindlichkeiten für sich. Vermeiden Sie daher Sätze wie: »Kann ja nicht sein, dass du wieder so griesgrämig schaust.« »Dir muss man ja alles aus der Nase ziehen, dabei sieht dir jeder an, dass du sauer bist.« »Jetzt heule bloß nicht gleich los.« Zeigen Kinder ihre Gefühle, ist es wertvoll zu erfragen, welche Ursachen dahinter stecken und welche Bedürfnisse (Geborgenheit, Trost, Sicherheit, Verständnis, …) das Kind in seiner Situation hat.

➤ Manchmal entwickeln Kinder nach schweren Verlusten Strategien, um sich selbst vor zu starken Gefühlen und Überforderung zu schützen. Schock, Ablenkung, Verleugnung oder Ängste können mögliche Reaktionen sein.

Bedenken Sie, dass Kinder, die nach einem erlittenen Verlust zunächst keine Gefühle zeigen, trotzdem trauernd sein können. Es kommt auch vor, dass Kinder ihre Gefühle vor den Bezugspersonen verbergen, um diese zu schonen. Das Bedürfnis, sich zu artikulieren und mitzuteilen, kann dennoch vorhanden sein. Dann können Ansprechpartner außerhalb der Familie, wie Erzieher, Lehrer, Freunde, Verwandte eine wichtige Rolle spielen.

Der Austausch über Gefühle mit Gleichaltrigen ist wichtig. Hier können Kinder erfahren, dass es Kinder in vergleichbaren Situationen gibt, die ähnlich wie sie selbst fühlen und denken. Sie können nun darauf schauen, wie andere diese Situation für sich lösen und abwägen, ob diese Strategien für sie selbst ebenfalls hilfreich sein können.

Trauergefühle aushalten lernen

Andere Menschen in Leid und Situationen auszuhalten, in denen es ihnen gerade gar nicht gut geht, ist eine wichtige Kompetenz, die in unserer Gesellschaft leider ein Stück weit verloren gegangen ist. Alles soll möglichst reibungslos funktionieren: in der Familie, in der Partnerschaft, im Job und auch mit den Kindern. Wir haben meist schon genügend private und berufliche Belastungen, die uns sehr fordern. Probleme und Sorgen außer der Reihe kosten dann zusätzliche Kraft und sind manchmal kaum zu bewältigen. Zudem möchten wir als Eltern, dass es unseren Kindern gut geht. Wir erleben sie nicht gern traurig oder verzweifelt. Deshalb tendieren wir bisweilen dazu, unsere Kinder über ihren Schmerz hinwegzutrösten, oder werden vielleicht sogar ungehalten, weil schon wieder ein Gejammer zu hören ist.

Kindern geht es mit ihren eigenen Gefühlen häufig ähnlich. Wer erlebt schon gern »dunkle Gefühle«. Vielleicht glaubt Ihr Kind, (und Sie auch?) dass es eine gute Idee ist, diese Gefühle zu verdrängen, sich ihnen nicht zu stellen, mit der Hoffnung, dass sie dann von selbst verschwinden.

➤ Erklären Sie dem Kind (und sich selbst), dass es für den Körper und die Seele sehr anstrengend ist, Gefühle dauerhaft zu unterdrücken. Es ist weniger anstrengend und gesünder, die »dunklen Gefühle« zuzulassen, sie bei sich und anderen aushalten zu lernen, ihnen Raum zu geben. Sie gehören zu uns wie die anderen angenehmen Gefühle. Wenn wir die »dunklen Gefühle« kennenlernen, sie anschauen, finden wir auch einen Umgang mit ihnen.

Wer traurig ist, darf weinen

Weinen ist ein Mittel, Bedürfnisse mitzuteilen, Kleinkinder sind fast ausschließlich darauf angewiesen. Sie zeigen durch Weinen, wenn sie sich unsicher oder bedroht fühlen. Sobald wir aus dem Babyalter heraus sind, wird Weinen häufig als Zeichen von Schwäche gedeutet. Begriffe wie *heulen, Heulsuse, flennen, greinen, jaulen* sind oft abwertend gemeint und wer weint, soll möglichst schnell wieder damit aufhören.

Unsere Gesellschaft kann weinende Menschen nicht gut ertragen. Wir haben es verlernt, jemanden auszuhalten, der weint. Bei Kindern ist Weinen bis zu einem gewissen Alter noch legitim, danach wird es oft als störend empfunden. Zu weinen kann für den weinenden Menschen anstrengend und erschöpfend sein. Dabei ist Weinen eine wichtige Möglichkeit, seinen seelischen und/oder körperlichen Schmerz auszudrücken und sich zu entlasten. Weinen ist zudem ein sichtbarer Ausdruck von Trauer und kann andere Menschen zu Mitgefühl, Solidarität und Unterstützung bewegen. Nicht nur für Kinder kann es eine tröstliche Erfahrung sein, im Weinen von jemandem »gehalten«, in den Arm genommen zu werden und Nähe zu erfahren.

➤ Unterstützen Sie Ihr Kind, indem Sie ihm sagen, dass es weinen darf, wenn es traurig ist oder Schmerz empfindet. Bei meiner Arbeit mit trauernden Kindern erlebe ich immer wieder, wie wichtig diese »Erlaubnis zu weinen« für Kinder ist. Erzählen Sie Ihrem Kind, dass Weinen kein Zeichen von Schwäche ist, dass es gut tun kann zu weinen und Sie seine Tränen aushalten können. Sie können Ihrem Kind ohne Worte über das Weinen und tröstende Gesten sehr nahe und eine große Unterstützung sein. Auch beim Abschied am Kindergarten darf das Kind ruhig ein paar Tränen vergießen. Dies ist ein Signal für Sie, dass Ihr Kind Unterstützung beim Abschied benötigt. Mit ein paar einfachen Hilfen können Sie die Trennung erleichtern. Mehr dazu finden Sie in Kapitel 8.

Wut

Kinder brauchen Raum für ihre Trauergefühle. Was können Sie tun bei Wut, Zorn und Co.? Sie können anbieten: im Zimmer das Kopfkissen zu bearbeiten, kräftig aufzustampfen, einmal so richtig laut zu brüllen, ein Wutbild zu malen, die Mülltonne draußen vor dem Haus zu verhauen, im Wald Stöcke zu werfen, eine Runde zu rennen, laut zu singen, Sockenbomben an die Wand zu werfen, eine Schlacht aus Zeitungspapierknüddeln oder Kissen zu machen, Wut wie ein wildes Tier herauszubrüllen, einen Kampf mit Schwimmnudeln oder leeren Kunststoffflaschen führen.

Ich bin sicher, dass Ihnen und Ihrem Kind das Passende einfallen wird. Vielleicht steht das ja noch nicht hier auf der Liste. Hauptsache, das Kind kann sich »Luft schaffen« und die Gefühle dürfen ausgedrückt werden.

Vielleicht haben Sie jetzt die Sorge, wenn Sie all das zulassen oder sogar fördern, dass sie einen kleinen Tyrannen erziehen. Diese Sorge kann ich Ihnen nehmen. Das Kind wird sich meist schnell wieder beruhigen, denn Gefühlen Raum zu geben ist anstrengend. Stattdessen wird Ihr Kind im Alltag eher ein ausgeglichenes Kind sein, das Möglichkeiten kennenlernen konnte, starke Gefühle zu bearbeiten, sie zu steuern anstatt sie an anderen auszulassen und/oder sich und andere zu verletzen.

Umgang mit Aggression

Zu Wut und Zorn gehört ebenfalls die Aggression, eine weitere normale menschliche Gefühlsreaktion. Zeigen Kinder aggressive Verhaltensweisen, sind sie meist in Bedrängnis und brauchen besondere Aufmerksamkeit und Zuwendung. Bestrafung, Ablehnung und Ausgrenzung mögen zwar kurzfristig für Ruhe sorgen, sind aber langfristig keine hilfreiche Unterstützung für das Kind und werden das Verhalten eher verstärken. Destruktive, aggressive Auffälligkeiten sind »Notsignale« und ein Zeichen dafür, dass ein Kind Hilfe braucht, es sich in einem ungleichgewichtigen seelischen Zustand befindet. Es ist wichtig, solche »Notsignale« zu erkennen und durch Zuwendung, Verständnis und Zeit dafür zu sorgen, dass Gefühle wie Einsamkeit, Hilflosigkeit und Sehnsucht nach Zuwendung nicht verstärkt werden.

➤ Bedenken Sie, dass Kinder meist nicht wissen, warum sie Wut nach einem Verlust empfinden. Allerdings sollten aggressive Handlungen nicht einfach entschuldigt oder ausnahmslos akzeptiert werden. Die kindliche Wut richtet sich meist gegen Menschen, Tiere oder Gegenstände, die gerade zur Verfügung stehen. Kinder müssen lernen, dass sie Lebewesen nicht verletzen oder Eigentum zerstören dürfen. Gleichwohl müssen sie das Gefühl bekommen, dass sie angenommen und unterstützt werden.

Immer wieder richten Kinder Aggressionen gegen sich selbst. Selbstverletzendes Verhalten (z. B. Haare ausreißen, Ritzungen mit scharfen Gegenständen, Stechen mit Nadeln, sich Verbrennungen zufügen, Essstörungen ...) – das ist ein »Schrei nach Hilfe«! Kinder benötigen dann dringend Beistand.

Autoaggressionen entstehen, wenn Kinder nicht mehr wissen, wie sie mit ihren Gefühlen umgehen sollen und wo sie diese loswerden können. Außerdem können sie nach einem schweren Trauma auftreten, z. B. wenn Kinder nicht mehr fähig sind, etwas zu fühlen. Ein schweres Trauma kann zur Dissoziation führen. Kinder, die aufgehört haben zu fühlen, spüren weder Freude noch Schmerz. Selbstverletzendes Verhalten ist der Versuch, sich selbst, zumindest zeitweise wieder, zu fühlen. Nicht immer sind Autoaggressionen leicht zu erkennen. Sie zeigen sich häufig sehr subtil.

Haben Sie das Gefühl, dass Sie mit der Aggression Ihres Kindes nicht mehr zurechtkommen oder haben Sie den Eindruck, dass Ihr Kind sich autoaggressiv verhält, sollten Sie sich professionelle Unterstützung bei einer Erziehungsberatungsstelle oder einem Psychologen holen.

Alltagsabschiede brauchen Sicherheiten

Wir haben schon erfahren, dass plötzliche, unvorbereitete Abschiede schwer zu verkraften sind. Deshalb denken Sie bitte daran, Ihr Kind auf bevorstehende Abschieds- und Veränderungsprozesse so gut wie möglich vorzubereiten. Informieren Sie Ihr Kind und lernen Sie, gemeinsam Abschiede zu gestalten. Versuchen Sie herauszufinden, ob die bevorstehende Veränderung ein überwiegend schmerzhafter Abschied für Ihr Kind sein wird oder ob das Kind sich eher mit Freude dem Neuen zuwendet.

Schauen Sie darauf, wie es Ihnen geht. Nicht nur für Ihr Kind, auch für Sie selbst können Trennungen von Ihrem Kind eine belastende Herausforderung sein. Auch wenn Sie wissen, dass solche Trennungen zum Leben gehören, dürfen Sie diese dennoch als schmerzhaft empfinden. Die Geburt ist bereits der Beginn eines über lange Jahre reichenden Prozesses des Loslassens und des Abschiednehmens. Wenn der Abschied sehr schmerzhaft ist für Sie und/oder Ihr Kind, kann es helfen, das Abschiednehmen langsam und in kleinen Schritten zu üben. Es kann hilfreich sein, wenn Sie zunächst stundenweise den Babysitter bestellen, die Zeiten bei der Tagesmutter nach und nach steigern, Zeiten, in denen das Kind im Kindergarten bleibt, nach und nach verlängern, das Kind dann auch schon einmal bei den Großeltern übernachten zu lassen. Schaffen Sie erträgliche Übergangsphasen für sich und Ihr Kind. So können Sie und Ihr Kind in die Trennungssituationen hineinwachsen und nach und nach Unsicherheiten und Ängste überwinden.

➤ Das Kind wird Ihre Sorgen und Ängste vor einer Trennung spüren und selbst verunsichert sein. Es wird sich deshalb nicht gut trennen können und es schwerer haben, sich in der neuen Umgebung einzugewöhnen. Der Abschied wird Ihnen und Ihrem Kind schwer fallen. Schauen Sie in solchen Situationen einmal genauer hin, was Ihnen die Trennung so schwer macht. Haben Sie den Eindruck, das Kind ist nicht gut aufgehoben? Haben Sie kein Vertrauen zu den Aufsichtspersonen? Gibt es andere Faktoren, die Bedenken und Sorgen auslösen, Ihr Kind in fremde Hände zu geben?

Ihr »Bauchgefühl« ist sicherlich ein guter Wegweiser. Trauen Sie ruhig Ihrem Gefühl. Wenn Sie Befürchtungen spüren, Ihr Kind sei nicht gut aufgehoben, sorgen Sie gut für sich und Ihr Kind. Verschaffen Sie sich darum zunächst Sicherheiten, damit Sie sich mit einem guten Gefühl von Ihrem Kind trennen können. Solche Sicherheiten können z. B. sein: sich zuvor über den Babysitter, die Spielgruppe, die Tagesmutter, den Kindergarten oder die Schule eingehend zu informieren. Sie können prüfen, ob persönliche Erziehungsvorstellungen und Betreuungskriterien erfüllt werden, oder Sie können bei den ersten Treffen dabei sein und sich einen persönlichen Eindruck verschaffen.

Vertraute Objekte – Kuscheltiere und Autos

Nicht nur Sie als Bezugsperson erleichtern sich den Abschied, indem Sie für Sicherheiten sorgen. Auch Ihr Kind tut dies in anderer Form für sich. Es ist nicht ungewöhnlich, dass Kinder sich auf bevorstehende Trennungen vorbereiten. Sie packen beispielsweise ein ihnen vertrautes Objekt wie den Teddy, das Lieblingsauto, Mamas Schal oder den Kuschelhasen ein. Solche Objekte geben Sicherheit in der neuen Umgebung.

➤ Spüren Sie, dass Ihr Kind Angst vor einer Trennung hat, können Sie Ihr Kind fragen, ob es ihm eine Hilfe wäre, wenn der Teddy oder ein anderes vertrautes Objekt mitgenommen würde. Irgendwann benötigt Ihr Kind das Objekt nicht mehr zur Unterstützung, weil es sich in der neuen Umgebung sicher fühlt. Das ist dann für Sie ein wichtiges Signal. Andere Trennungssituationen hingegen benötigen diese Hilfe vielleicht doch noch, weil sie mit Unsicherheiten und Fremdem verbunden sind. Das Kind wird von bereits gemachten Trennungs- und Abschiedserfahrungen profitieren. Es hat lernen dürfen, was ihm in Abschiedssituationen geholfen hat und was nicht.

Wenn Kinder sich schuldig fühlen und sich schämen

Kinder machen sich Gedanken darum, ob sie Ursache sind oder einen Beitrag dazu geleistet haben, wenn negative Ereignisse geschehen. Im Zusammenhang mit Verlusten geben sich Kinder häufig selbst die Schuld am Geschehen. Zugleich erleben sie dadurch eine Selbstentwertung und verlieren an Selbstbewusstsein. Selbstvorwürfe oder Gedanken darum, wie sie das Ereignis (die Krankheit der Oma, den Verlust des Teddys, den Tod des Haustiers, die Trennung der Eltern …) noch hätten verhindern können und was sie wohlmöglich in diesem Zusammenhang alles versäumt haben, belasten Kinder dann. Aus Scham, weil sie sich für schuldig halten, sprechen sie über diese Gefühle und Gedanken häufig nicht und bleiben in ihrer Not meist sehr allein.

➤ Wir müssen Kinder, die Schuldgedanken äußern, daher ernst nehmen. Lachen Sie deshalb bitte nicht, wenn Ihr Kind davon überzeugt ist, dass die Oma nur deshalb im Krankenhaus liegt, weil Ihr Kind heimlich über sie geschimpft hat. Kinder fühlen sich entlastet, wenn sie spüren, dass wir sie nicht für schuldig halten; besser noch ist es, wenn sie selbst verstehen, dass sie »unschuldig« sind. Versuchen Sie herauszufinden, weshalb Ihr Kind sich mit Gedanken von Schuld quält. »Magisches Denken« kann die Ursache sein. Kinder fühlen sich möglicherweise verantwortlich für das Geschehen, weil sie in ihrer Vorstellung Ereignisse in der Welt mit ihrem Willen und ihren Wünschen steuern können. Gerade im Zusammenhang mit Verlust durch den Tod spielt das Thema Schuld eine wesentliche Rolle. Häufig kann es wichtig sein, dass Bezugspersonen, auch ohne dass das Kind sich zum Thema Schuld geäußert hat, diesem vorbeugend mitteilen, dass es keine Verantwortung an diesem Ereignis trägt (z. B. bei einem Unfall, der Trennung der Eltern, …).

Kraftquellen fördern

Vielleicht kennen Sie die Geschichte von Frederik, der kleinen Maus von Leo Lionni. Frederik sammelt im Sommer, als alle anderen Mäuse arbeiten und schuften, Sonnenstrahlen, Farben und Wärme für die kommenden düsteren Wintertage. Diese kurze Geschichte sagt letztendlich in einfachen Bildern, dass es lebenswichtig ist, für Kraftquellen zu sorgen, die uns über die dunklen Zeiten unseres Lebens hinweghelfen. Wir brauchen solche Kraftquellen, um zu überleben. Diese Kraftquellen können wir z. B. in Form von schönen Erinnerungen und Erlebnissen in uns tragen. Es können außerdem Dinge sein, die wir gern tun, die uns Freude machen. Ermuntern Sie Ihr Kind deshalb auch gerade in anstrengenden Zeiten, gut für sich zu sorgen. Spielen, andere Kinder treffen, Basteln, Bewegung, Musik, ein Ausflug, ein schöner Film, eine warmes Bad, das Lieblingsessen, ein Besuch bei der Oma oder in der Kirche, all das können beispielsweise wichtige Quellen sein, die die Kraft, die für die Bearbeitung des Abschieds gebraucht wird, auffüllen.

➤ Lesen Sie vielleicht zusammen die Geschichte von Frederik und überlegen oder malen Sie gemeinsam mit Ihrem Kind, was Ihrem Leben Licht und Wärme gibt.

Nichts bleibt, wie es ist, und doch ist das Leben ein Geschenk

Im Laufe unseres Lebens verändern wir uns körperlich, kognitiv und in unseren emotionellen Fähigkeiten. Um uns herum bleibt nichts, wie es ist. Alles ist Veränderung und Wandlung. Freud- und leidvolle Erfahrungen prägen uns. Wesentlich ist es, dies zu erkennen und zu akzeptieren. Wir können nichts festhalten, auch wenn wir das in schönen und erfüllenden Lebenssituationen so gern tun würden. Dann ist es immer schmerzhaft, Abschied zu nehmen und sich neu auszurichten. Sind wir innerlich darauf eingestellt, dass wir uns auch wieder lösen müssen, begegnen wir diesen nicht selbstverständlichen, schönen Lebenszeiten mit mehr Wertschätzung. Zudem hilft uns diese Einstellung, Veränderungsprozesse als natürlich zu verstehen. Schwere Lebenssituationen durchzumachen bedeutet auch, etwas darüber zu erfahren, was es heißt, Mensch zu sein. Häufig machen wir uns gerade dann Gedanken darum, was in unserem Leben bedeutsam ist und was nicht. Manchmal lösen wir uns von Werten und Vorstellungen. Zugleich werden wir sensibler und verständnisvoller gegenüber Menschen, die es schwer haben. Es bedeutet die Ungewissheiten und Unsicherheiten, die das Leben mit sich bringt, zu akzeptieren und aushalten zu lernen. Ist uns dies klar, und wissen wir, dass es keinen grundsätzlichen Anspruch auf Gerechtigkeit in dieser Welt gibt, werden wir nicht versuchen, gegen Dinge anzukämpfen, die nicht veränderbar sind, und somit nicht unnötig Energie aufwenden.

➤ Akzeptieren Sie Situationen, in denen das Kind leidet. Gestehen Sie ihm den Kummer zu. Sagen Sie Ihrem Kind, dass diese schweren Gefühle kommen und auch wieder gehen werden.

Abschiede wahrnehmen und mit Ritualen begleiten

Alltägliche Übergänge und entscheidende Veränderungen im Leben des Kindes sollten wahrgenommen werden. Rituale sind hilfreiche Formen, die dabei unterstützen, Altes zu verabschieden und Neues zu begrüßen. Übergangsprozesse, Abschiede und Verlustsituationen können mithilfe von Ritualen gestaltet, verstanden und erträglicher gemacht werden. Sie sollten, um wirksam zu sein, dem emotionalen und kognitiven Entwicklungsstand des Kindes angepasst sein und erklärt werden. Der Abschiedssituation wird durch ein feierliches Ritual die angemessene Bedeutung verliehen. Der Übergang in einen neuen Lebensabschnitt kann so erleichtert werden. Aus dem Lebensalltag eines Kindes kennen wir Rituale und Formen, die Übergänge in einen neuen Lebensabschnitt begleiten, z. B. Verlust der Milchzähne (Zahnfee, Zahndose), Feier zum Eintritt in den Kindergarten, Abschiedsfeier zum Ende der Kindergartenzeit, erster Schultag (Schultüte, Feier) oder religiöse Rituale und Zeremonien.

Rituale verbinden und stabilisieren

Ein Ritual verbindet das Kind mit dem Verlorenen, und zugleich gibt es durch das Erleben von Gemeinschaft Kraft. Wiederkehrende Rituale haben deshalb große Bedeutung, weil sie stabilisierend wirken und Gefühle von Sicherheit vermitteln. Gerade bei wesentlichen Übergängen und Abschieden, die tiefgreifende Krisen hervorrufen können, hat das Ritual darum eine bedeutende Funktion. Das Ritual verbindet mit der Gemeinschaft der am Ritual beteiligten Menschen, sodass ein Abschied zu einem feierlichen Erlebnis werden kann. Schwere und leichte Gefühle können Ausdruck finden.

Rituale können dabei helfen, Abschied bewusst zu gestalten. In allen Kulturen, Religionen und Gesellschaften kennen wir daher für bedeutende Übergänge (Geburt, Hochzeit, Schulabschluss, Trauerfeier) Formen und Zeremonien für Abschied und Neubeginn.

➤ Kinder benötigen Hinweise zu bestehenden Abschiedsritualen, um sie zu verstehen. Erklären Sie Rituale, die Sie in Ihrer Familie und in Ihrem sozialen Umfeld nutzen (Verabschiedung, Begegnung – Gesten und Worte, Umarmung, Händedruck, Kuss auf die Wange, Schulterklopfen, Nachwinken, ein verbaler Gruß zum Abschied: Tschüss, Auf Wiedersehen, Leb wohl, bis bald, ein Geschenk zum Abschied, ein Abschiedsbrief, eine Mail, eine Nachricht auf dem Handy, …). Machen Sie Ihr Kind mit religiösen oder kulturell wichtigen Ritualen vertraut. (Taufe, Trauerfeier, …) Betrachten Sie Rituale im Kontext Ihrer Familie. Können Sie in Ihrer Familie auf wichtige Rituale zurückgreifen? Wenn ja, auf welche? Welchen Sinn haben sie und kann Ihr Kind sie verstehen?

Möglicherweise stellen Sie fest, dass Ihnen nur wenige Rituale zur Verfügung stehen. Dies ist, so mein Eindruck, eine Erscheinung unserer modernen Gesellschaft. Familien können häufig nur auf wenige hilfreiche, bestehende Rituale zurückgreifen. Für Abschiede, Veränderungsprozesse und Verluste müssen häufig eigene rituelle Formen entwickelt werden, die zur Familie passen. Diese Rituale müssen den Bedürfnissen der Familie und des einzelnen Familienmitglieds entsprechen und mit Inhalten gefüllt werden. Bestenfalls erlauben solche Rituale Kindern ein Mitgestalten und sind zugleich offen für Veränderungen. Rituale können für bestimmte Lebensabschnitte und Lebenssituationen hilfreich sein, sich aber im Laufe der Zeit ihres Sinns entleeren. So passt das Ritual, sich am Schultor mit einem Kuss von der Mama zu verabschieden, bei einem pubertierenden Teenager nicht mehr und wird überflüssig oder sogar belastend. Dann müssen neue Rituale gefunden werden. Das mit Ritualen verknüpfte symbolische gemeinsame Tun in einem Rahmen, der Verlässlichkeit und Orientierung bietet, fördert das Gefühl des Einzelnen, ein Teil der Gesamtfamilie zu sein, und sorgt somit für Zusammenhalt und Gemeinschaft in der Familie.

Strukturen und verlässliche Alltagabläufe

In der Trauerforschung hat sich herausgestellt, dass es Menschen gut tut, wenn sie sich nach einem schweren Verlust auf feste Strukturen und Alltagsabläufe verlassen können. In der Pädagogik sind Experten sich ebenfalls einig, dass es Kinder in ihrer gesunden Entwicklung grundsätzlich unterstützt, wenn sie auf einen regelmäßigen Alltagsablauf vertrauen können. Gerade in Abschieds-, Übergangs- und Verlustzeiten kommt solchen verlässlichen Strukturen eine besondere Bedeutung zu. Sie unterstützen Kinder (wie übrigens auch Erwachsene), wieder neue Sicherheit zu gewinnen, die durch eine veränderte Lebenssituation, Entwicklungsprozesse und Verluste verloren wurde. Es beruhigt Kinder, zu erleben, dass nicht alles sich verändert hat, dass auch Dinge, Strukturen und Beziehungen erhalten geblieben sind. Dies hilft, wieder zu eigener innerer Stabilität zu finden.

➤ Sie können durch geregelte Tagesabläufe wie Abendrituale und liebevolle Fürsorge dazu beitragen, dass Ihr Kind anstrengende Zeiten gut durchleben kann. Es wird Sie selbst entlasten, wenn Sie sich immer wieder einmal bewusst machen, dass diese schwierige Zeit auch wieder vorübergeht. Erfahrungsgemäß gehen Kinder aus Krisen gestärkt heraus und können neuen Belastungen mit den hinzugewonnenen Erfahrungen und Ressourcen anders entgegentreten.

8 Abschied von der Tagesmutter – Start in den Kindergarten

Beispielhaft möchte ich im Folgenden auf spezielle Verluste eingehen. Bitte bedenken Sie, dass jede Lebenssituation und jedes Kind anders ist. Daher ist es notwendig, auf die individuelle Persönlichkeit und den Lebenskontext des Kindes einzugehen und die Unterstützung danach zu richten.

Sprechen Sie mit Ihrem Kind darüber, dass die Zeit in der Spielgruppe bald zu Ende gehen wird. Erklären Sie ihm mehrfach, dass und warum sich seine Lebenssituation demnächst verändern wird. Versuchen Sie, wenn möglich, den Abschied von der Tagesmutter behutsam, langsam und schrittweise zu gestalten. So sollten Sie ebenfalls beim Neustart in Kindergarten vorgehen. Der Abschied sollte mit der Tagesmutter abgesprochen werden. Überlegen Sie gemeinsam, wann und wie das Kind über die bevorstehenden Veränderungen informiert werden soll. Dies ist wichtig, damit das Kind keine widersprüchlichen und damit verwirrenden Informationen erhält. Wecken Sie zuhause und bei der Tagesmutter Vorfreude und Neugierde Ihres Kindes auf das Neue und die Freiheiten des Kindergartens. Lesen Sie mit dem Kind Bücher, die auf den Kindergartenalltag vorbereiten. Das ist eine Möglichkeit, sich schon im Vorfeld mit den neuen Herausforderungen auseinanderzusetzen. Der Abschied sollte entsprechend gefeiert werden. Möglicherweise mit einem kleinen Fest, bei dem gespielt, gegessen, gesungen wird und bei dem auch die Eltern zugegen sind. Dem Kind bekannte Rituale können eingeflochten werden, etwa die Begrüßungsrunde. Das übliche Abschiedsritual kann den Umständen entsprechend angepasst werden.

Überlegen Sie, ob und in welcher Form es ein Abschiedsgeschenk für die Tagesmutter geben soll. Hier wäre es schön, das

Kind, wenn es möchte, aktiv zu beteiligen: Basteln, Malen oder ein Geschenk aussuchen. Vielleicht gestalten Sie für das Kind und die Tagesmutter ein Fotoalbum mit Erinnerungen an die gemeinsame Zeit. Meist bereiten die Tagesmütter ebenfalls ein Abschiedsgeschenk für das Kind vor. Dies könnte eine wertschätzende Erinnerung sein und/oder etwas, das das Kind auf dem Weg in die neue Lebenssituation stärkend begleitet. Insgesamt muss für Ihr Kind klar erkennbar sein, dass die bisherige Form und Zeit bei der Tagesmutter beendet ist.

Dies bedeutet jedoch nicht, dass ein weiterer Kontakt ausgeschlossen ist und es keine Verbindung mehr zur Tagesmutter geben darf. Die meist über Jahre gewachsene Beziehung zwischen Kind und Tagesmutter kann weiter in einer anderen Form gepflegt und als bereichernd empfunden werden, wenn dies von allen Seiten gewünscht wird.

Für den Eintritt in den Kindergarten informieren Sie sich über Abläufe, Erzieherinnen, Kinder, Rituale und Regeln. Erklären Sie Ihrem Kind die Unterschiede zwischen Tagesmutter und Kindergarten. Weisen Sie auf Abläufe und Regeln im Kindergarten hin. Fragen Sie nach, ob »Schnuppertage« zur Eingewöhnung in den Kindergarten angeboten werden. Solche Tage ermöglichen einen sanften Übergang in eine für das Kind neue und mit vielen Anforderungen und Reizen verbundene Lebenswelt. Gemeinsam können Sie mit Ihrem Kind Räume, Erzieher und andere Kinder kennenlernen. Bedenken Sie, was sich für Ihr Kind alles verändern wird. Es wird sich in eine größere Gruppe integrieren, neue Freunde suchen, sich in neuen, größeren Räumen zurechtfinden müssen und so vieles mehr. Sprechen Sie darum viel mit dem Kind über die bevorstehenden Veränderungen. So verliert Ihr Kind die Angst vor dem Unbekannten und kann sich innerlich auf das, was kommt, einstellen. Geben Sie Ihrem Kind immer wieder Gelegenheit, Fragen zu stellen und beseitigen Sie Unklarheiten oder falsche Vorstellungen. Informieren Sie Ihr Kind über den Ablauf des Vormittags. Erklären Sie, dass es viele neue Kinder kennenlernen kann, dass eventuell schon jemand den Kindergarten besucht, den es kennt, dass es spielen darf, Ihnen die Erzieherinnen gefallen haben, die Sie beim Erstgespräch kennengelernt haben, dass Sie sich aus bestimmten Gründen für eben diesen

Kindergarten entschieden haben. Wenn Sie mögen, bereiten Sie eine kleine Feier zu Hause für den ersten Kindergartentag vor. Laden Sie dem Kind nahe stehende Menschen dazu ein. Seien Sie selbst darauf vorbereitet, dass dieser Übergang, diese Zeit des Abschieds und des Neubeginns Ihr Kind anstrengen und belasten kann. Möglicherweise gibt es Tränen oder das Kind sperrt und wehrt sich gegen die neue Situation.

> So wie bei Marie (drei Jahre), die sich eigentlich auf den tollen, neuen Kindergarten gefreut hat. Endlich auch groß, so wie Paula, die nebenan wohnt, hatte Marie gedacht. Aber dann kommt es im Kindergarten beim Abschied immer wieder zu Tränen. All das Neue und die großen Räume, die vielen Kinder machen Marie Angst. Sie vermisst die geborgene Atmosphäre, die sie von der Tagesmutter gewohnt war. Marie bittet die Mutter flehentlich, nicht wegzugehen. Nicht nur für Marie, auch für ihre Eltern ist das eine schwere und belastende Situation.

Was können Sie in solch einem Fall tun? Sie als Eltern und die Erzieher sollten sich Zeit nehmen, um das Kind in der Kita einzugewöhnen. Hilfreich ist es, wenn Sie zu Anfang mit im Kindergarten bleiben können. Erfahrungsgemäß dauert diese Phase mehrere Tage bis Wochen. Marie ist mit ihrer Mama gemeinsam in die Kindergartenzeit gestartet. Es hatte den Anschein, als ob es ihr gefiele, und Maries Mutter war schon erleichtert, denn sie hatte sich den Übergang schwieriger vorgestellt. Als Marie dann aber zwei Wochen nach Start allein in der Gruppe bleiben sollte, begannen die Probleme. Abends konnte sie nicht mehr einschlafen, sie klagte über Bauchschmerzen und wollte nicht mehr in den Kindergarten. Beim Abschied wirkte sie verzweifelt, weinte und schlug sogar um sich.

➤ Auch wenn das zunächst kaum machbar erscheint: Versuchen Sie, gelassen und ruhig zu bleiben. Zeigen Sie Ihrem Kind immer wieder, dass Sie es lieben, signalisieren Sie ihm, dass Sie davon überzeugt sind, dass sie diesen Übergang gemeinsam hinbekommen. Überlegen Sie zusammen mit Ihrem Kind, was gegen den Kummer hilft (Kuscheltier, Erinnerungsgegenstand an die Mama, ein Kraftstein, …).

Ob Sie das Kind weinend zurücklassen sollen, es wieder mit nach Hause nehmen, ob Sie schnell oder langsam Abschied nehmen, dazu gibt es sehr unterschiedliche Ansichten. Aus meiner Erfahrung als dreifache Mutter und Trauerbegleiterin möchte ich Ihnen raten, Ihrem Bauchgefühl zu folgen. Ich bin der Meinung, dass es hier keine pauschale Antwort geben kann, denn jedes Kind, jede Situation ist anders.

Sie kennen Ihr Kind am besten und können einschätzen, ob Sie es auch einmal weinend bei der Erzieherin zurücklassen können und es sich schnell beruhigt oder ob Sie besser noch einen Moment bei ihm zu bleiben. Entscheiden Sie so, wie *Sie* das für richtig halten. Es ist Ihr Kind. Aus Erfahrung weiß ich, dass manche Erzieher Eltern in solchen Situationen aus persönlicher Überzeugung unter Druck setzen und vermitteln möchten, es ginge nur mit Härte und Konsequenz. Kind schreien lassen und weg! Meine Erfahrung ist eine andere. Das Kind wahrnehmen, auf das eigene Gefühl hören, Liebe, Zuverlässigkeit und Geduld. So hat es meinen Kindern und mir gut getan. Schauen Sie, was sich für Ihr Kind und für Sie gut anfühlt und was Sie im Alltag leisten können.

Wenn Sie, weil Sie berufstätig sind, nicht beliebig lange später zur Arbeit kommen können, lohnt es sich, für diese Übergangszeiten auch nach Übergangslösungen zu suchen. Aus eigenem Erleben weiß ich, dass es schwer ist, den Spagat zwischen Kind und Beruf gerade in solchen Situationen zu schaffen. Es ist bedrückend, das Gefühl zu haben, das Kind braucht die persönliche Nähe und noch Zeit um anzukommen, und selbst beruflich dadurch unter Druck zu geraten. Suchen Sie mit dem Kind, Ihrem Partner, den Erzieherinnen und gegebenenfalls Ihrem Arbeitgeber nach einer Lösung. Dauernd das Gefühl zu haben, es geht dem Kind nicht gut, Bedenken zu haben, ob man richtig handelt, bewirkt letztendlich nur, dass Sie sich nicht auf Ihre Arbeit konzentrieren können. Deshalb ist es sinnvoller, eine möglichst annehmbare Lösung für alle zu finden.

➤ Hilfreich kann es sein, wenn eine Erzieherin sich intensiver um Ihr Kind kümmert oder ein anderes Kind bei der Kindergarteneingewöhnung hilft. Das erleichtert den Abschiedsschmerz. Beim Abschied sind klare Vereinbarungen, an die Sie sich unbedingt halten sollten, wesentlich: nicht ohne Abschied gehen, versprechen, dass dies nicht geschehen wird, ein Abschiedsritual: Kuss, Umarmung, ein paar Worte, deutlich machen, wann Sie wiederkommen. Beim Abholen sollten Sie generell pünktlich sein, besser sogar etwas früher. Dann spürt das Kind, dass es sich auf Sie verlassen kann. Sollten Sie doch einmal merken, dass Sie sich verspäten, rufen Sie kurz im Kindergarten an und informieren darüber, dass Sie es nicht rechtzeitig schaffen werden. Bitten Sie explizit, das Kind darüber zu informieren.

Manchmal haben Kinder, die schon länger in den Kindergarten, gehen morgens plötzlich Probleme, sich zu trennen. Sie sollten dann einfühlsam nachfragen und versuchen herauszufinden, woran das liegen kann (ein Streit mit der Freundin, eine Erkrankung ist im Kommen, zu Hause ist die Oma zu Besuch, …). Suchen Sie mit Ihrem Kind nach Lösungen. Ihr Kind wird sich in solchen Fällen sicherlich schnell wieder beruhigen, zumal es spürt, wahr- und ernst genommen zu werden.

Es können jedoch gravierendere Probleme hinter der plötzlichen Unlust stecken. Wirkt Ihr Kind über längere Zeit bedrückt, unbeteiligt, ängstlich oder aggressiv, sollten Sie nach der möglichen Ursache suchen. (Probleme im Kindergarten: Mobbing, Angst vor einer Erzieherin, …). Hier sollten Sie das Gespräch mit Ihrem Kind und der Kita suchen. Überlegen Sie zusammen, wie die Situation für das Kind verbessert werden kann. Mitunter führen Veränderungen zu Hause dazu, dass das Kind nicht mehr in den Kindergarten möchte (Streit zwischen den Eltern, Großeltern, Umbau, ein neues Geschwisterkind, …).

> Marie geht inzwischen sehr gern in den Kindergarten. Paula hat sich zusammen mit der Erzieherin um Marie gekümmert und ihr den Abschied von der Mama erleichtert. Die beiden haben Marie morgens an der Tür abgeholt. Marie war stolz, von der älteren Paula so viel Aufmerksamkeit zu bekommen. Die Mutter bekam die ersten Wochen noch eine kurze SMS-Rückmeldung aus der Kita »alles ok« und konnte sich so beruhigt auf ihre Arbeit konzentrieren.

9 Trauer nach der Trennung der Eltern

Viele kleine Verluste und Abschiede müssen von Kindern gleichzeitig bearbeitet werden. Im Leben eines Kindes gehören die Trennung der Eltern oder der Tod eines nahestehenden Menschen sicherlich zu den tiefgreifenden Lebenseinschnitten, die Kinder zusätzlich zu den entwicklungsbedingten Abschieden bearbeiten müssen.

Fast jede zweite Ehe in Deutschland wird geschieden. Immer wieder erleben Kinder, wie ihre Eltern in Streit und Wut auseinandergehen. Die Trennung der Eltern kann bei Kindern tiefe Trauer und Schmerz auslösen. Häufig fehlt Kindern in ihrem Trauerprozess hilfreiche Unterstützung. Sie machen negative Erfahrungen im Umgang mit der Krise, weil Eltern sich streiten und ihre Kinder für persönliche Bedürfnisse instrumentalisieren. Deshalb ist es für Kinder oft schwer, mit nachfolgenden Verlusten umzugehen.

Kinder wünschen sich ein sicheres, liebevolles Elternhaus mit Vater und Mutter. Die Trennung der Eltern lehnen sie meist ab. Selbst wenn Kinder die Trennung als Entlastung einer bisher schwierigen Lebenssituation empfinden, können Kinder in Trauerprozesse geraten, denn die Trauer um »nicht gelebte Beziehungen« (Vater, Mutter, Familie) kann sehr schmerzhaft und anstrengend sein. Der Verlust kann langfristig intensive »Trauerarbeit« erfordern. Mit der Trennung erleben Kinder vielfach zusätzliche Verluste, die bearbeitet werden müssen: Umzüge, Beziehungen zu Großeltern, Freunden, manchmal auch Geschwistern gehen verloren, Kita- oder Schulwechsel, es fehlt an Fürsorge, Aufmerksamkeit, finanzielle Sicherheiten, Rituale gehen verloren, Lebensperspektiven, Träume, …)

➤ Sicherlich beschäftigen Sie jetzt viele Dinge. Bemühen Sie sich dennoch, Ihr Kind in seiner Situation wahrzunehmen. Bleiben Sie mit Ihrem Kind im Gespräch. Informieren Sie es kindgerecht, frühzeitig und sachlich über anstehende Veränderungen. Kinder brauchen in der unsicheren Situation so viel Klarheit und Ehrlichkeit wie möglich.

Erkennen Sie an, dass Ihr Kind einen Verlust erlitten hat, selbst wenn Sie die Trennung persönlich als Entlastung erleben. Versuchen Sie darauf zu achten, dass Ihr Kind nicht ganz auf sich selbst gestellt ist und dass es neben Ihnen andere Menschen hat, die ihm in der schweren Zeit Halt geben. Menschen, die Vater und Mutter nicht bewerten oder entwerten.

Versuchen Sie unbedingt, das Kind nicht Teil des Konflikts werden zu lassen und tragen Sie Ihre Auseinandersetzung nicht über das Kind aus. Das Vertrauen zu beiden Elternteilen bleibt dann erhalten und das Kind verliert seine Selbstsicherheit nicht.

Sicherlich ist es aus der eigenen Betroffenheit heraus schwer zu trennen, versuchen Sie dennoch eigene Interessen und Bedürfnisse von denen des Kindes zu unterscheiden. Sorgen Sie für die Bedürfnisse des Kindes in dieser verunsichernden Situation. Erhalten Sie, wenn möglich, die Bindung zu beiden Elternteilen, denn ein Kind liebt beide Eltern. Deshalb braucht es die Gewissheit, dass es von beiden Eltern geliebt wird und dass es keine Schuld an der Trennung trägt. Das Gefühl, von einem Elternteil verlassen worden zu sein, bleibt dem Kind dann eher erspart. Sagen Sie Ihrem Kind, dass es normal und richtig ist, wenn es beide Eltern liebt. Es wäre hilfreich für Ihr Kind, wenn Sie als Eltern trotz der Trennung respektvoll miteinander umgehen und gemeinsam Verantwortung für Ihr Kind tragen. Informieren Sie sich gegenseitig über wesentliche Ereignisse und Entwicklungen und kooperieren Sie bei wichtigen Entscheidungen, die das Kind angehen.

Berücksichtigen Sie, dass es zu starken Trauerreaktionen kommen kann (siehe Kapitel 5). Die Trauer braucht Ausdruck, Raum und Zeit. Eltern nehmen häufig an, dass Kinder nicht trauern, weil sie gut funktionieren und die Trennung offensichtlich gut verkraften. Dahinter steht oft eine enorme Anstrengung des Kindes. Es möchte die Eltern nicht ganz verlieren, hat Sorge, nicht mehr geliebt zu werden, und stellt die eigene Trauer deshalb häufig zurück. Trauerprozesse können sich darum verschieben. Trauert das Kind später, wird die Auseinandersetzung mit dem Verlust oft nicht erkannt.

Wichtiges Verständnis und Möglichkeiten, die Trauer zu bearbeiten, fehlen dadurch.

➤ Seien Sie darauf vorbereitet, dass Ihr Kind die Trauer um die Trennung seiner Entwicklung entsprechend immer wieder neu bearbeitet. Gestehen Sie ihm diese Auseinandersetzung zu. Es kann sein, dass der Schmerz in besonderen Zeiten, wenn sich das Kind die Nähe beider Eltern wünscht (Einschulung oder Schulabschluss) besonders intensiv ist.

Insgesamt ist die Trennung der Eltern für Kinder ein körperlich und seelisch anstrengender Prozess. In den Kapiteln zuvor haben wir erfahren, dass vorhandene innere und äußere Ressourcen dazu beitragen, den Verlust bestmöglich zu verkraften.

Stärken Sie darum die Ressourcen Ihres Kindes. Versuchen Sie, möglichst viele Rituale und Gewohnheiten nach der Trennung beizubehalten. Vor allem zeigen Sie Ihrem Kind Ihre uneingeschränkte Liebe. So kann Ihr Kind spüren, dass sich zwar vieles verändert hat, das Wichtigste aber von Bestand ist.

10 Trauer nach dem Tod eines nahestehenden Menschen

Die grundlegenden Informationen und Hinweise zum Thema Trauer, die wir in den Kapiteln zuvor kennengelernt haben, treffen auch auf die Trauer von Kindern nach dem Tod eines Menschen zu. Nicht selten sind Sie dann ebenfalls von diesem Verlust betroffen und trauern selbst.

Unterstützung in Anspruch nehmen

Es ist ganz normal, dass Sie durch den Tod des geliebten Menschen selbst sehr betroffen sind und das Gefühl haben, Ihr Kind nicht gut begleiten zu können. Deshalb ist es wichtig, für Entlastung zu sorgen. Suchen Sie die Nähe von Menschen, die Ihnen gut tun. Nehmen Sie, auch wenn das nicht immer ganz leicht fällt, Hilfe von außen in Anspruch; das kann praktische Hilfe – Essen, Fahrdienste, Hausaufgabenhilfe – und auch eine professionelle Unterstützung durch Trauerbegleiter oder Psychologen sein. Kinder können sich eher dem eigenen Trauerprozess widmen, wenn sie wissen, dass ihre Bezugspersonen gut versorgt sind. Sie selbst profitieren häufig von einer Trauerbegleitung und/oder vom Kontakt zu anderen betroffenen Kindern in einer Trauergruppe. Nehmen Bezugspersonen Unterstützung von außen an, werden Kinder dies als ein Signal verstehen, sich selbst Unterstützung suchen zu dürfen.

Kinder und Tod

Der Tod eines nahestehenden Menschen ist für Kinder, ganz gleich wie alt sie sind, spürbar. Der Verstorbene fehlt und Bezugspersonen verändern sich in ihrer Trauer. Zudem kann der Lebensalltag häufig nicht wie gewohnt beibehalten werden. Diese Veränderungen können Kinder in ihrem Grundvertrauen und in ihrer Sicherheit erschüttern. Deshalb benötigen Kinder ihrem Alter entsprechende Unterstützung auf unterschiedlichen Ebenen. Jüngere Kinder reagieren auf den Verlust allein durch ihr Verhalten. Sie sind auf Erwachsene angewiesen, die sie sensibel wahrnehmen. Im Laufe ihrer Entwicklung lernen Kinder den Tod mit seinen Konsequenzen zu begreifen: Tod ist endgültig, alle Lebewesen sterben einmal, Tod hat biologische Ursachen. Sie setzen sich deshalb in ihren unterschiedlichen Entwicklungsphasen immer wieder neu mit ihrer Trauer und der Bedeutung des Verstorbenen für ihr eigenes Leben auseinander.

Der Trauerprozess des Kindes wird neben entwicklungsbedingten Aspekten, Persönlichkeitsmerkmalen und Bindungserfahrungen von vielen anderen Faktoren (Erfahren der Todesnachricht, Todesumstände, Familiensituation, Umgang in der Familie mit schweren Themen, Biografie, Vorverluste, eigene Gesundheit, Kultur, Religion, zusätzliche Belastungen und Alltagskonsequenzen durch den Tod) beeinflusst, die in der Begleitung berücksichtigt werden sollten. Kinder müssen eventuell zusätzlich damit zurechtkommen, dass zurückbleibende Bezugspersonen überfordert sind, es weniger finanzielle Sicherheit gibt, Zuwendung wegfällt, die Familie umziehen muss, die Schule gewechselt werden muss, die tägliche Versorgung sich verändert und vieles mehr.

Informieren

Informieren Sie Ihr Kind seinem Alter entsprechend und zeitnah über das Geschehen und den Tod. Seien Sie offen für aufkommende Fragen. Vielleicht können Sie das Kind darauf hinweisen, dass es später immer wieder nachfragen darf. Denken Sie daran, dass Kinder ihr Weltbild noch entwickeln und auf sachliche Informationen angewiesen sind. Der Tod eines nahestehenden Menschen kann sie beängstigen und existenzielle Sorgen auslösen. Gehen Sie ernsthaft auf die Befürchtungen Ihres Kindes ein und geben Sie ehrliche Antworten. »Was passiert mit mir, wenn du jetzt auch stirbst?« – »Wer versorgt mich jetzt?« – »Wer hat Schuld, dass Mama tot ist?« – »Ist Krebs ansteckend?« – »Muss ich jetzt auch sterben?« – »Darf ich noch lachen?« Kinder können, wenn sie nicht informiert werden, eigene Erklärungen und Fantasien entwickeln, die oft beängstigender sind als die Realität selbst.

➤ Es hilft Kindern, altersentsprechende Erklärungen zum Geschehen, zu Ritualen, Bestattungsformen und möglichen Reaktionen aus dem Umfeld zu bekommen. Bereiten Sie Ihr Kind auf den Abschied und die Trauerfeier vor.

Richtiges und falsches Trauern gibt es nicht

Jeder Mensch reagiert anders auf einen schweren Verlust und bearbeitet seine Trauer auf ganz persönliche Art. Diese Unterschiedlichkeit macht ein gegenseitiges Verständnis in einer Familie oft schwer. Lassen Sie Vielfältigkeit und Unterschiedlichkeit in der Art zu trauern in Ihrer Familie zu. Ermutigen Sie Ihr Kind, so zu trauern, wie es ihm gut tut. Eine Grundhaltung von gegenseitiger Wertschätzung, Fürsorge, Akzeptanz und Ehrlichkeit hilft allen in der Familie, den Verlust zu überstehen.

➤ Ihr Kind braucht jetzt liebevolle Zuwendung und Geborgenheit. Es braucht Zeit und Möglichkeiten, um die Gefühle, Gedanken und Sorgen, die die Trauer mit sich bringt, auszudrücken. Manchmal ist es nicht leicht, das Kind in seiner Trauer mit ihren unterschiedlichen Facetten auszuhalten. Geduld und Verständnis, verlässliche Strukturen, konstante Bezugspersonen und Alltagsrituale können dem Kind helfen, mit dem schweren Verlust leben zu lernen.

Kinder vertragen mehr Wahrheiten, als wir glauben

Aus Fürsorge glauben wir manchmal, es wäre besser, mit Kindern nicht über Sterben und Tod zu sprechen. Weil Kinder spüren, dass etwas passiert ist, wird unsere gut gemeinte Rücksichtnahme jedoch eher Gefühle von Angst, Einsamkeit und oft sogar einen Vertrauensverlust verursachen. Wem soll unser Kind noch trauen, wenn es das Gefühl hat, wir verheimlichen etwas? Es wird sich ausgeschlossen fühlen und unsicher werden. Verhindern können wir nicht, dass unsere Kinder schmerzhafte Verluste erleiden müssen. Wir können jedoch dafür sorgen, dass sie diese Verluste bestmöglich verkraften.

Wir können ihnen beistehen in ihrem Schmerz. Kinder versuchen wie Erwachsene, nahestehende Menschen zu schonen. Sie möchten ihre Bezugspersonen nicht zusätzlich belasten und halten daher eigene Trauerreaktionen und Trauerprozesse zurück. Ein offener Umgang mit dem Tod und den daraus entstandenen Konsequenzen ist daher für alle hilfreich.

Ich darf traurig sein und wütend

Erklären Sie Ihrem Kind, dass die Trauer und die damit verbundenen Gedanken und Gefühle eine ganz normale Reaktion auf dieses traurige Ereignis sind. Es muss sich keine Sorgen machen, nicht normal zu sein. Sprechen Sie mit Ihrem Kind darüber, dass viele unterschiedliche Gefühle zur Trauer gehören und welche Reaktionen (Angst, Weinen, Wut, Aggression, Schmerz, Sehnsucht, Verzweiflung, Liebe, Ohnmacht, Einnässen, Wut, Scham, Panik, Freudlosigkeit, Angst, Trauer, Dankbarkeit, Gedanken von Schuld, …) der Verlust bei kleinen und großen Menschen auslösen kann. Sagen Sie ihm, dass es keine Angst haben muss, wenn diese Gefühle sehr stark sind und hin und her springen. Nehmen Sie Ihrem Kind die Sorge, dass die Trauer nie enden wird. Erzählen Sie Ihrem Kind, dass es traurig oder wütend sein darf, wenn ein geliebter Mensch stirbt. Auch wenn er schon alt war oder wir absehen konnten, dass er sterben wird. Zugleich ist es wesentlich zu sagen, dass nicht jede Krankheit sofort zum Tod führt und dass das Kind keine Schuld am Tod trägt. Erklären Sie, dass die Trauer Zeit braucht, manchmal Jahre oder sogar ein Leben lang. Zugleich dürfen Sie ruhig zuversichtlich sein und mitteilen, dass es insgesamt wieder besser werden wird, für Ihr Kind und für Sie selbst auch, dass die dunklen, traurigen Gefühle weniger werden. Eltern, die sich grundsätzlich zutrauen, mit der neuen Lebenssituation zurechtzukommen, sorgen indirekt für neue Sicherheit. Das Kind wird sich bestärkt fühlen, einen Umgang mit dem Verlust zu finden.

➤ Informieren Sie darüber, dass Trauern für Körper und Seele sehr anstrengend sein kann. Ermutigen Sie Ihr Kind deshalb, Dinge zu tun, die ihm Freude machen, die gut tun, neue Kraft schenken und den Kontakt zum sozialen Umfeld erhalten. Es wird Ihrem Kind helfen, wenn es die ausdrückliche Erlaubnis bekommt, zu spielen, zu lachen, Freunde zu treffen, Hobbys weiter auszuüben. Das hat nichts damit zu tun, wie gern man den Verstorbenen hatte oder ob richtig getrauert wird.

Kinder brauchen die Möglichkeit, Abschied zu nehmen

Eine deutliche sprachliche Benennung (ist gestorben, ist tot) hilft, das Geschehen zu verstehen. Nutzen Sie keine Umschreibungen oder Bilder. Das kann Ihr Kind verwirren und zu Ängsten führen. Bitte denken Sie nicht, dass es dem Kind schadet, den Verstorbenen noch einmal zu sehen. Zu begreifen, dass jemand tot ist und nicht wiederkommen wird, fällt leichter, wenn ein Abschied auch sinnlich (sehen, fühlen usw.) ermöglicht wird. Vorab sollten Sie Ihr Kind altersentsprechend vorbereiten. Überlassen Sie dem Kind die Entscheidung. Es darf nicht in solch eine Situation gedrängt werden.

➤ Ermutigen Sie Ihr Kind, sich vom Verstorbenen zu verabschieden: noch etwas zu sagen, etwas mitzugeben, zu berühren. Erlauben Sie ihm, an der Trauerfeier teilzunehmen sowie den Abschied aktiv mitzugestalten. Das Gefühl, noch etwas für den Verstorbenen tun zu können, tut jedem Menschen gut.

Lernen, ohne den Verstorbenen zu leben

Nach dem Tod eines Menschen müssen wir lernen, uns an die neue Lebenssituation anzupassen. So vieles hat sich für uns und unsere Kinder verändert. Wir müssen fremde Aufgaben übernehmen und manches neu lernen. Lebensperspektiven, Beziehungen und gesellschaftliche Rollen (Witwe, Einzelkind, Halbwaise, …) haben sich verändert und verlangen, dass wir uns neu orientieren. Dieser Prozess ist für alle anstrengend. Achten Sie wenn möglich darauf, dass ihr Kind keine Rollen oder Aufgaben übernimmt, die es überfordern würden und die ihm nicht entsprechen. So sollte ein Kind nicht die Mama, den Papa oder das verstorbene Geschwister ersetzen müssen.

➤ Sie machen nichts falsch und vergrößern den Schmerz nicht, wenn Sie über den Verstorbenen sprechen, sich erinnern. Sorgen Sie dafür, dass Ihr Kind persönliche, ihm wichtige Erinnerungsgegenstände bekommt. Überlegen Sie zusammen mit Ihrem Kind, wie besondere Tage (Geburtstage, Todestage, Weihnachten und andere Feste oder Ereignisse) gestaltet werden sollen. An solchen Tagen fehlt der Verstorbene besonders. Vielleicht haben Sie dazu unterschiedliche Auffassungen. Verhandeln Sie dann miteinander und finden Sie gemeinsam mit dem Kind und anderen Familienangehörigen eine annehmbare »Schnittmenge« für alle.

Soziales Umfeld informieren

Sind Menschen des sozialen Umfelds (Tagesmutter, Kita, Schule, Nachbarn) über den Verlust und die damit entstandenen Konsequenzen informiert, kann das Kind dort auf Verständnis, Zuwendung und wichtige Unterstützung zurückgreifen. Diese Erfahrung und der Beistand werden ihm helfen, sich an die neue Lebenssituation anzupassen. Wenn Sie es aus der eigenen Betroffenheit heraus nicht schaffen, das Umfeld zu informieren, bitten Sie Menschen, denen Sie vertrauen, diese Aufgabe zu übernehmen.

11 Kreative Möglichkeiten

Die hier aufgeführten Hinweise zum kreativen Arbeiten mit Kindern sollen dazu beitragen, dem Kind Ausdrucksmöglichkeiten zu eröffnen, die seine Bedürfnisse und Ressourcen sichtbar machen. Zudem ist es für das Kind hilfreich, sich mit den eigenen Bedürfnissen und Ressourcen auseinanderzusetzen und sich selbst besser kennenzulernen. Dies ist eine Voraussetzung, um psychische Widerstandkraft aufzubauen, die wiederum dazu beiträgt, Krisen bestmöglich zu bearbeiten und zu überstehen. Gerade jüngere Kinder sind aufgrund ihrer kognitiven Entwicklung noch nicht in der Lage, ihre Bedürfnisse zu verbalisieren. Bezugspersonen hingegen fällt es häufig schwer, die Bedürfnisse, Ressourcen und Gemütszustände des Kindes zu erfassen, oder sie sind unsicher, wie sie bestimmte Zeichen deuten sollen.

Die kreativen Anleitungen können beide Seiten unterstützen und zu gegenseitigem Verständnis führen. Zudem ist meine Erfahrung, dass diese Auseinandersetzungen nicht nur Kindern hilfreich sein können. Bei meiner Arbeit als Trauerbegleiterin greife ich auch bei Erwachsenen die Möglichkeit auf, über kreative Auseinandersetzung die persönlichen Bedürfnisse zu erkennen und Ressourcen aufzudecken.

Zudem können seriöse, wissenschaftliche Selbsttests aus dem Netz Ihnen Aufschluss darüber geben, wie belastet Sie gerade selbst sind und wie Sie für Unterstützung sorgen können.[1]

---

1 Karena Leppert: Selbsttest: Wie resilient bin ich? http://www.klausschenck.de/ks/downloads/g40tg03kvimmunsystemconstantin.pdf. Werner Stangl Stresstest: Wie gestresst bin ich? http://www.stangltaller.at/ARBEITSBLAETTER/TEST/STRESS/Test.shtml.

Selbsttest: Wie resilient bin ich?

Der Fragebogen wurde für die deutsche Bevölkerung wissenschaftlich erprobt. Die 13 Fragen testen, über wie viel persönliche Widerstandskraft Sie verfügen. Inwieweit treffen die folgenden Aussagen auf Sie zu?

Vergeben Sie bitte für jede Aussage ein bis sieben Punkte. Dabei bedeutet ein Punkt »ich stimme nicht zu« und sieben Punkte »ich stimme völlig zu«.

1. Wenn ich Pläne habe, verfolge ich sie auch. 1 2 3 4 5 6 7
2. Normalerweise schaffe ich alles irgendwie. 1 2 3 4 5 6 7
3. Ich lasse mich nicht so schnell aus der Bahn werfen. 1 2 3 4 5 6 7
4. Ich mag mich. 1 2 3 4 5 6 7
5. Ich kann mehrere Dinge gleichzeitig bewältigen. 1 2 3 4 5 6 7
6. Ich bin entschlossen. 1 2 3 4 5 6 7
7. Ich nehme die Dinge, wie sie kommen. 1 2 3 4 5 6 7
8. Ich behalte an vielen Dingen Interesse. 1 2 3 4 5 6 7
9. Normalerweise kann ich eine Situation aus mehreren Perspektiven betrachten. 1 2 3 4 5 6 7
10. Ich kann mich auch überwinden, Dinge zu tun, die ich eigentlich nicht machen will. 1 2 3 4 5 6 7
11. Wenn ich in einer schwierigen Situation bin, finde ich gewöhnlich einen Weg heraus. 1 2 3 4 5 6 7
12. In mir steckt genügend Energie, um alles zu machen, was ich machen muss. 1 2 3 4 5 6 7
13. Ich kann es akzeptieren, wenn mich nicht alle Leute mögen. 1 2 3 4 5 6 7

Auswertung
Addieren Sie alle Punkte. Sie können maximal 91 erreichen. Wenn Sie mehr als 72 Punkte haben, wirft Sie so schnell nichts um. Sie können mit den meisten Belastungen umgehen und sind den Anforderungen Ihres Lebens gewachsen. Sie sind in der Lage, flexibel auf Schicksalsschläge zu reagieren und eine Lösung zu finden, die zu Ihnen passt und Sie weiterbringt.

Wenn Sie zwischen 67 und 72 Punkten haben, ist Ihre Widerstandskraft durchschnittlich. Sie finden meist Lösungen für Ihre Probleme, auch wenn Sie das viel Kraft kosten. Im Allgemeinen finden Sie ohne fremde Hilfe wieder neuen Lebensmut.

Bei weniger als 67 Punkten sind Sie wenig belastbar. Auftretende Probleme werden für Sie schnell zu einer Lebenskrise. Ihre Resilienz ist nicht sehr groß. Um das Risiko für Depressionen, Burnout und körperliche Erkrankungen zu mindern und Ihre Lebenszufriedenheit zu erhöhen, sollten Sie aktives Stressmanagement betreiben und psychologische und beraterische Hilfe in Anspruch nehmen, wenn Sie sie benötigen.
(nach: Leppert et al., S. 250250)

Smileys

Benötigtes Material: buntes Tonpapier, Zirkel, Stifte, Schere

Basteln Sie mit dem Kind gemeinsam oder bereiten Sie Smileys vor, die verschiedene Gefühle ausdrücken, z. B. traurig, wütend, lachend, fröhlich, krank, staunend, fragend, erleichtert, unsicher, dankbar, ängstlich, einsam, …

Die Smileys können im Alltag immer wieder zum Einsatz kommen. Fällt es dem Kind beispielsweise schwer, sich von Ihnen in den Kindergarten zu verabschieden, können Sie den Tag mit dem Kind folgendermaßen bearbeiten. Sie haben die Möglichkeit zu fragen: »Wie hast du dich heute im Kindergarten gefühlt? Suche doch einmal die passenden Gesichter aus.« Sind die Smileys mit eher negativen Gefühlen besetzt, können Sie fragen, ob es etwas gab, was bei all dem Schweren auch geholfen hat. Ein anderes Kind, die Erzieherin, ein Spiel usw. Wenn sich nichts findet, können Sie das Kind fragen, was ihm die Situation erleichtert hätte. Oder Sie können fragen, ob es eine Situation gab, die mit einem der übrigen positiven Smileys hätte belegt werden können (lachend, fröhlich, dankbar, …).

So können Sie nach und nach auf spielerische Art herausfinden, was Ihrem Kind fehlt, was ihm gut tut, wo für Entlastung gesorgt werden kann usw. Die Smileys können Sie auch regelmäßig anwenden. Es bietet sich eine Art Kalender an. So können positive und negative Entwicklungen sichtbar gemacht werden. Hier kann eingetragen werden, wie sich das Kind an verschiedenen Tagen gefühlt hat. Es wird deutlich, an welchen Tagen es dem Kind besser ging und an welchen eher nicht. Möglich ist auch, einen Tag mit seinen Veränderungen zu beobachten. Hilfreich ist es, darauf zu schauen, was zum Wechsel des Befindens beigetragen hat.

Gefühlsbarometer

Benötigtes Material: buntes Tonpapier, Zirkel, Stifte, Schere

Alternativ oder ergänzend können Sie ein Gefühlsbarometer in Regenbogenfarben mit Zahlen von 1 bis 10 gestalten. Der grüne Bereich (1 und 2) steht für eine gute Stimmung, keine Schmerzen. Dann geht es über den gelben (3 bis 5), orangen (6 bis 8) zum roten Bereich (9 und 10), der für Stress und Schmerzen steht. Überlegen Sie gemeinsam mit dem Kind, was es tun kann oder braucht, damit es aus dem roten Bereich wieder herauskommt. Nehmen Sie mit dem Kind die Zeiten im grünen Bereich wahr und schreiben oder malen Sie die Dinge auf, die bei Ihrem Kind die positiven Gefühle ausgelöst haben. Diese Notizen könnten dann z. B. auch Platz im Notfallkoffer (siehe unten: *Koffer füllen*) finden und in schlechten Zeiten daran erinnern, was gut tut. Von den negativen Gefühlsauslösern können die Bedürfnisse des Kindes abgeleitet werden.

Rettungsring

Eine andere Möglichkeit, das Kind zu unterstützen, ist die Verwendung des Symbols »Rettungsring«. Eine Vorlage zum Ausmalen oder Beschriften finden Sie auf der nächsten Seite. Verbinden können Sie die Bearbeitung mit möglichen Fragen wie:
- Was hilft mir, wenn … Hier können konkrete Situationen je nach Bedarf benannt werden, z. B.:
  - Wenn ich Angst habe allein in die Schule zu gehen?
  - Wenn ich traurig bin, weil meine Freundin Leonie wegziehen muss?
  - Wenn ich traurig bin, weil Mama und Papa sich streiten?
- Was hilft mir, wenn ich Angst habe?
  - im Kindergarten,
  - in der Schule,
  - wenn Mama und Papa sich trennen.
- Was tröstet mich, wenn ich traurig bin, weil …?

Zudem kann es für das Kind hilfreich sein, den Rettungsring als kleines Symbol und als Stärkung in einer schweren Situation dabei zu haben. Kleine Rettungsringe können Sie im Spielwarenladen oder im Internet erwerben.

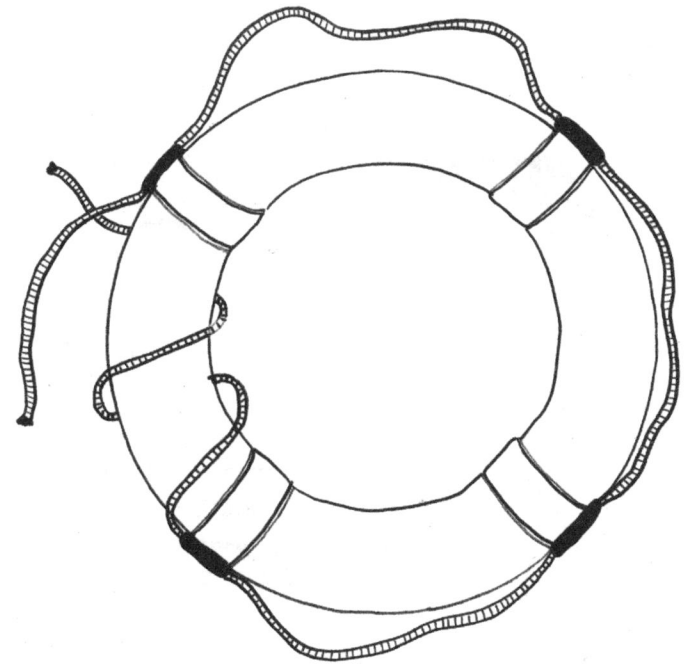

Koffer füllen

Der leere Koffer kann vielseitig eingesetzt werden. Er eignet sich besonders, um Ressourcen aufzudecken und zu fördern. Eine Vorlage zum Ausmalen oder Beschriften finden Sie auf der nächsten Seite. Impulsfragen könnten z. B. sein:
- Was kann ich besonders gut?«
- Welche Wünsche habe ich …?
- Was macht mich stark?
- Sammle alle positiven Erlebnisse an einem besonders schweren Tag und hebe sie gut auf.

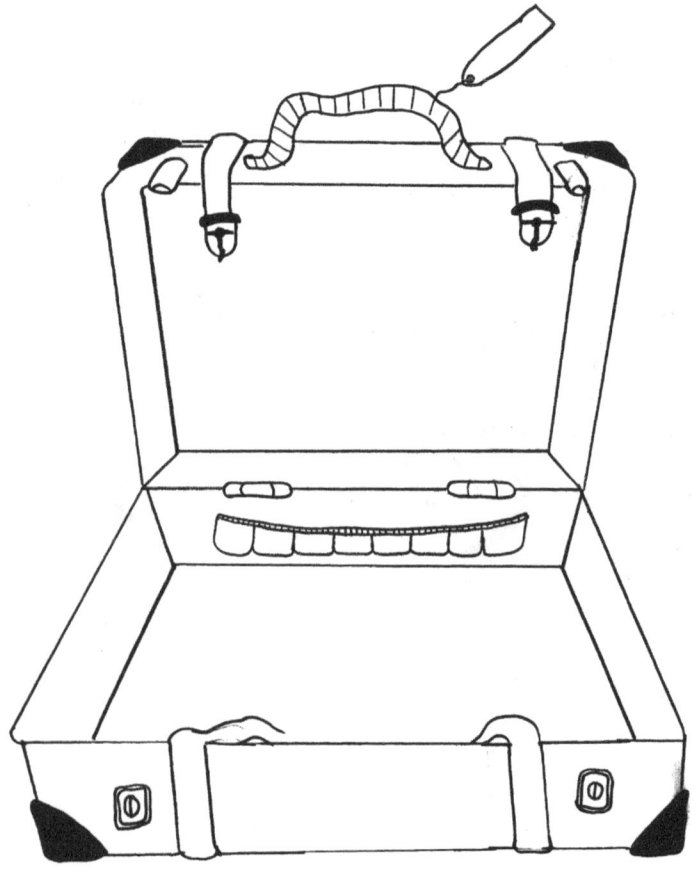

Traumfänger zum Schutz vor bösen Träumen

Benötigtes Material: Pappteller, Zirkel, lange Wollfäden, Perlen, Federn, Stift, Locher

Der Traumfänger kann über dem Bett aufgehängt werden und soll die schweren, beängstigenden Träume in seinem Netz auffangen. Dort bleiben sie bis zum Morgen und werden dann vom Tageslicht gelöscht. Nur die schönen Träume gleiten an den Federn sachte auf das schlafende Kind herunter.

Bastelanleitung: Bitte zunächst den gewellten Rand vom Pappteller abschneiden und eine runde Pappscheibe übriglassen. Danach mit dem Zirkel einen Kreis auf die Scheibe zeichnen, sodass nach außen ein Ring von ca. 2 cm entsteht. Der Linie entlang die innere Scheibe herausschneiden, bis ein Ring übrig bleibt. Nun mit dem Locher ca. 14 Löcher in den Ring stanzen. Dann den langen Faden in ein Loch fädeln. Dabei sollte ein Rest von ca. 10 cm übrig bleiben. Jetzt kann ein Netz gespannt werden. Dazu den Faden kreuz und quer von einem Loch zum anderen führen. Es sieht schön aus, wenn ein paar Perlen mit eingefädelt werden. Zum Schluss den Faden wieder in das erste Loch führen. Den Anfangs- und Endfaden zu einer Schlaufe binden. Daran können Sie den Traumfänger aufhängen. Am unteren Teil des Traumfängers Fäden durchziehen, an denen Perlen und Federn befestigt werden können. Diese am Ende gut verknoten, damit nichts abfallen kann.

Heißluftballon ausmalen

Malen Sie einen Heißluftballon auf ein Stück Papier. Das Kind kann diesen vor dem Hintergrund verschiedener Fragestellungen ausmalen oder beschriften. Z. B.:
- Welche negativen Gedanken und Gefühle sollen davonfliegen?
- Welchen Ballast möchte ich loswerden und wegwerfen?

Engel mit Botschaft

Benötigtes Material: weißes Krepppapier, Trinkbecher aus Kunststoff, schönes Briefpapier, weiße Pappe oder Tonpapier, Engelhaar, Goldpapier, Goldband, Kleber, Schere, weiße Styroporkugel, weiße oder goldene Wollreste, schwarzer und roter Filzstift

Hier können Wünsche, Ängste und geheime Botschaften Raum finden, wie z. B.
- Wovor soll der Engel mich beschützen?
- Was möchte ich dem Engel anvertrauen?
- Welche Sorgen möchte ich mit dem Engel teilen?

Bastelanleitung: Zuerst eine Nachricht oder ein Bild mit Wünschen, Ängsten oder anderen geheimen Botschaften gestalten. Den Becher dann mit der Öffnung nach unten auf die Pappe stellen, den Umriss abmalen und ausschneiden. Ein Stück Krepppapier, ca. 28 cm lang und ca. 18 cm breit, ausschneiden. Das Krepppapier um den Becher legen und wie einen Umhang formen. Nach oben einen ca. 2 cm langen Rand für den Kragen lassen. Die Styroporkugel auf den Becherdeckel kleben. Anschließend die Kette aus Goldband anbringen. Flügel aus Goldpapier ausschneiden und aufkleben. Den Kopf mit Engelhaar oder Wolle bekleben und mit den Stiften ein Gesicht malen. Zum Schluss die Botschaft falten und in den Becher legen. Mit dem Pappdeckel verschließen. Wer möchte, kann noch Goldband zum Aufhängen anbringen.

Gefühle-Quartett

Benötigtes Material: Gefühle-Quartett von Mebes & Noack, mail@mebesundnoack.de

Die Karten zeigen ein großes Spektrum von Gefühlen und können neben der traditionellen Quartettvariante zu vielen weiteren Spielabläufen benutzt werden: Rollenspiele, Pantomimen, Frage-Antwort-Spiel und vieles mehr.

Kraftsteine gestalten

Benötigtes Material: kleinere Steine, Plakatfarben, Pinsel oder Eddingstifte in verschiedenen Farben

Halbedelsteine können als Handschmeichler gestaltet werden und als »Stärkung« in schweren Situationen dabei sein. Das, was das Kind sich als Stärkung wünscht, kann als Symbol aufgemalt und/oder als Wort auf den Stein geschrieben werden.
- Was wünsche ich mir für schwere Situationen? (Mut, Kraft, Ruhe, Liebe, Ideen...)

- Was wünsche ich mir, wenn ich Angst habe?
- Was wünsche ich mir, wenn ich wütend bin?
- Was wünsche ich mir …

Vielen Kindern hilft es den Stein in schwierigen Situationen zu drücken oder ihn an einem geheimen Ort aufzubewahren.

Knetballons

Benötigtes Material: feste Luftballons, Mehl, einen Trichter mit nicht zu dünnem Hals, schwarze, dicke, wasserfeste Stifte, Wolle, Kleber

Der Knetballon oder auch Stressball macht Kindern und Erwachsenen meist sehr viel Freude (manchmal sogar, wenn er platzt und die Umgebung weiß gepudert wird – nichts ist für die Ewigkeit). Der Knetball ist als Erzählhilfe und zum Abbau von Anspannung gedacht.

Es fällt Kindern mithilfe des Balls erfahrungsgemäß leichter Schweres zu erzählen. Als Beobachter können wir feststellen, wie das Kind sich fühlt. Seine Hände verraten während des Erzählens einiges über seinen Gemütszustand. Bewusst kann die Befindlichkeit über das Gesicht, auf dem Ballon ausgedrückt werden. Er passt daher auch gut zum Thema Gefühle. Besonders, wenn er auf der einen Seite ein lachendes und auf der anderen Seite ein trauriges Gesicht bekommt. Dazu sollte der Luftballon zunächst flach auf eine glatte Arbeitsfläche gelegt und bemalt werden. Anschließend den Luftballon mit Mehl befüllen und fest verknoten. Wer mag, kann noch Wollhaare ergänzen.

Notfalltruhe

Benötigtes Material: Sperrholzschachteln, verschiedene Plakafarben, Pinsel, Servietten, Serviettenkleber, Glitzersteine, Aufkleber, Federn, Glitzerpuder, Schere, Heißklebepistole

In die Truhe kann das Kind alles packen, was ihm hilft, wenn es ihm nicht gut geht. Z. B. eine schöne Erinnerung (Foto, Gegenstand, …), einen Kraftstein, ein Bonbon, ein kleines Kuscheltier, ein wichtiges Geschenk von jemandem, …

Die Truhe wird mithilfe der vorhandenen Materialien je nach Geschmack gestaltet (Serviettentechnik und/oder bemalen und bekleben).

Sorgenbaum

Benötigtes Material: Tonpapier in verschiedenen Grüntönen, Wolle, Stifte in verschiedenen Farben, Heißklebepistole, Ast, Vase, Locher, Schere

Hier finden Sorgen und Befürchtungen Platz!

Bastelanleitung: Aus Tonpapier werden Blätter in verschiedenen Formen und Farben ausgeschnitten. Darauf kann das Kind seine Sorgen schreiben oder malen. Mit dem Locher wird ein Loch in das Blatt gestanzt und der Faden durchgezogen. Manchmal wünscht sich das Kind, dass die Sorge geheim bleibt. Dann kann das Blatt mit einem zweiten Blatt überklebt werden. So kann niemand sehen, was darauf steht. Das Blatt dann an einen Ast hängen, den Sie mit dem Kind im Wald gesucht haben. Ist die Sorge beseitigt, hat sich das Problem gelöst, kann das Blatt wieder vom Baum geschnitten werden.

Entspannung, Muskellockerung und Spaß

Massage-Pizza backen:

Das Kind legt sich mit dem Bauch auf eine Decke oder das Bett. Es ist der Tisch, auf dem die Pizza gebacken wird. Der Masseur ist der Bäcker. Zuerst wird der Tisch abwischt. Mehl wird auf dem Tisch verstreut, Eier und Hefe in den Teig gegeben, der Teig ausgerollt, zu einer Kugel geformt, in verschiedenster Form geknetet, wieder ausgerollt und festgedrückt. Anschließend wird der Teig mit Dingen belegt, die sich das Kind wünscht, z. B. Salami, Tomaten, Mais, Käse, …

Die Pizza in den Ofen schieben, dabei den liegenden Körper seitlich etwas vorrollen, beim Backen die Arme auf den Rücken legen und die Pizza anschließend aus dem Ofen holen.

Bürstchenmassage: Das Kind sollte sich vorstellen, dass es in die Autowaschanlage fährt. Es ist das Auto und wird vom Masseur eingeschäumt, gebürstet, geschrubbt, abgesprüht und anschließend trocken gepustet. Die Massage sollte am Kopf beginnen, dann über den Oberkörper, Rücken, Arme und zum Schluss an den Beinen und Füßen enden. Die einzelnen Schritte wie Einschäumen und Bürsten zunächst sanft beginnen und dann beim Schrubben mit etwas mehr Druck arbeiten. Das Sprühen und Pusten (bitte nicht mit Erkältungen und nicht ins Gesicht pusten) dann wieder sanfter.

12 Hilfreiche Begleitung im Überblick

- Fördern von Selbstständigkeit, Selbstbewusstsein – durch Loben
- Gefühle und Gedanken sowie die Konsequenzen aus Verlusten und Krisen in der Familie offen kommunizieren
- Umgangsformen einer offenen, nicht wertenden Kommunikation üben
- Ängste ansprechen, ernst nehmen – zugrunde liegende Bedrohung erkennen und gemeinsam Lösungen finden
- Hinhören, zuhören und erzählen lassen
- Bezugspersonen sollten Vorbild sein und in Krisen gut für sich sorgen (in Bezug auf eigene körperliche und seelische Gesundheit, Kontakt pflegen, Gefühle ausdrücken, Ressourcen aktivieren, Unterstützung in Anspruch nehmen, zukunftsorientierte Perspektiven entwickeln)
- Sachliche Informationen zu Entwicklungs- und Trauerprozessen, Trauerreaktionen sowie eventuelle Unterstützungsmöglichkeiten sammeln
- Verluste, die das Kind für sich erlebt, wahrnehmen und diese ehrlich anerkennen und ernst nehmen
- Schmerzende Verluste nicht bagatellisieren
- Formen und Ausdruck der Trauer des Kindes respektieren
- Dem Kind helfen, Gefühle zu verbalisieren, Bilder für die Gefühle seiner Trauer zu finden: Fels, der drückt, schwarzer Mann, Stein im Bauch, …
- Wünsche des Kindes nach Nähe und Distanz respektieren
- Das Kind zur Auseinandersetzung mit der eigenen Trauer ermutigen
- Das Kind wertfrei, der Entwicklung entsprechend, zu anstehenden Veränderungen, die sein Leben betreffen, informieren, es in Gespräche einbeziehen, Wünsche und Sorgen erfragen

- Das Kind altersgemäß zu möglichen Trauerreaktionen sowie der Entwicklung entsprechend fortschreitend auch über Sterben, Tod und Trauer informieren: Bücher, Internet, Filme, Arztbesuch, Friedhofsbesuch, ...
- Ehrlich und nicht ausweichend auf Fragen antworten
- Klare und wertfreie Sprache im Zusammenhang mit dem erlebten Verlust wählen
- Eigene Gefühle zulassen und zeigen
- Das Kind unterstützen, persönliche Verluste zu begreifen
- Das Kind ermutigen, seinen Verlust zu betrauern
- Das Kind ermutigen, so zu trauern, wie es zu ihm passt
- Immer wieder Zeit und Raum geben für den Ausdruck von Gefühlen, Sorgen, Bedürfnissen, Gedanken, Ängsten
- Mit sachlichen Informationen und Gesprächen für mögliche Entlastung sorgen: Existenzsicherheiten bieten, Versorgung aufzeigen, ...
- Den Verlust nicht ersetzen wollen
- Dem Kind bewusst machen, was trotz des Verlustes erhalten geblieben ist. Vorsicht: nicht darüber hinwegtrösten!
- Sensibel die Bedürfnisse im Zusammenhang mit dem Verlust wahrnehmen
- Darauf achten, ob das Kind sich schuldig fühlt: eine Auseinandersetzung damit ermöglichen, versichern, dass es keine Schuld und Verantwortung für das Geschehen trägt
- Das Kind nicht zwingen – Angebote müssen Angebote bleiben
- Dem Kind die Möglichkeit geben, die mit dem Verlust einhergehenden Gefühle und Gedanken auszudrücken
- Gefühle des Kindes aushalten – auch Schmerz, Verzweiflung, Wut, ...
- Emotionale Zuwendung, Fürsorge, Geborgenheit und Liebe geben
- Möglichkeiten geben, Abschied zu nehmen (an der Tür des Kindergartens, von der verstorbenen Oma, dem Papa der auf Geschäftsreise fährt,..) und diesen aktiv mitzugestalten (Kuss, Umarmung, Brief, Bild, ...)
- Für gemeinsames Essen, Spielen und Erfahrungen sorgen
- Dem Kind kreative Angebote als Möglichkeit, die Trauer zu bearbeiten, machen

- Angebote zur Entspannung machen
- Für Momente der Unbeschwertheit sorgen
- Auf Körpersprache und Verhalten achten
- Positive körperliche oder gefühlsmäßige Äußerungen spiegeln und verstärken: »Ich habe bemerkt, dass du viel Spaß im Schwimmbad hattest.«
- Über die eigene Trauer sprechen
- Erklären, dass Trauer dabei hilft, mit dem Verlust zurechtzukommen und sich auch wieder besser zu fühlen

Besondere Beachtung finden sollten folgende Hinweise bei schweren Verlusten (Trennung, schwere Krankheit, Tod, …):
- Dafür sorgen, dass das soziale Umfeld (Kita, Schule, Freunde) informiert ist
- Sensibel darauf achten, dass das Kind keine Rolle oder Verantwortung übernimmt, die ihm nicht entspricht – vor Überforderung schützen
- Ressourcen wahrnehmen und fördern: Selbstwert, Lebensfreude, Sicherheit, stabile Beziehungen, kreativer Ausdruck, kraftgebende Tätigkeiten, gewohnte Umgebung, Hobbys möglichst erhalten, …
- Beachten, dass schwere Verluste häufig sekundäre Verluste (Umzug, Trennung von Haustieren, Freunden, Bezugspersonen, …) mit sich bringen. Diese Verluste als solche wahrnehmen und begleiten.
- Dafür sorgen, dass verlässliche, belastbare Bezugspersonen für das Kind da sind
- Für möglichst viel Struktur, Sicherheit, Stabilität sowie Kontinuität im Alltag sorgen
- Die Erfahrung fördern, dass verlässliche Beziehungen und Strukturen bestehen bleiben
- Das Kind spüren lassen, erwünscht und geliebt zu sein
- Dem Kind ermöglichen, über Erinnerungen sprechen, heilsame Erinnerungen zulassen und bewahren
- Dem Kind das Recht zugestehen, Vergangenes und Zukünftiges ihrer Ursprungsfamilie wertfrei zu erfahren
- Dem Kind ermöglichen, ihm wichtige Bezugspersonen uneingeschränkt lieben zu dürfen (z. B. beide Elternteile)

- Fortgesetzte Bindungen ermöglichen (z. B. zum getrennt lebenden Vater; zur Mutter, die im Krankenhaus liegt; zur verstorbenen Oma; …): darauf achten, dass die Bindung nicht beängstigend ist, und keine persönlichen Wertungen vornehmen
- Das Kind nicht in Konflikte der Eltern, Großeltern involvieren oder in solchen instrumentalisieren
- Die Trauer des Kindes nicht schmälern, auch wenn das soziale Umfeld sich nicht mit beiden Elternteilen verbunden fühlt
- Dem Kind die Möglichkeit geben und die Zeit zugestehen, sich immer wieder neu und den emotionalen und kognitiven Fähigkeiten entsprechend mit dem Verlust auseinanderzusetzen
- Vorher bestehende Probleme (Körper, Psyche, Familie, soziales Umfeld) berücksichtigen
- Berücksichtigen: bereits erlebte und nicht betrauerte Verluste oder Mehrfachverluste können Trauerprozesse erschweren oder blockieren
- Das Kind einbeziehen und kindgerecht informieren
- Krankenbesuche vorbereiten und ermöglichen
- Abschied von verstorbenen Menschen ermöglichen
- Rituale erklären

13 Grenzen und eigene Trauerprozesse

Vielleicht haben Sie im Laufe des Lesens wahrgenommen, dass das Thema Sie im Augenblick sehr fordert. Es kann sein, dass verdrängte, nicht bearbeitete Verluste Sie daran hindern, sich aktuellen Verlust- und Abschiedssituationen stellen zu können. Dies könnte eine Ursache dafür sein, dass es Ihnen schwer fällt, Ihr Kind in Verlustsituationen auszuhalten oder dass Sie solchen Situationen lieber ausweichen. Verurteilen Sie sich deshalb bitte nicht selbst. Sie sind deswegen keine schlechte Mutter, kein schlechter Vater. Wir alle sind Menschen mit unseren Biografien, unseren Verletzungen und persönlichen Belastungen. Das Leben fragt uns nicht immer, wie wir es uns wünschen. Wenn Sie spüren, dass es Ihnen schwer fällt, mit Verlustsituationen Ihres Kindes umzugehen, sorgen Sie dafür, dass andere Menschen Fürsorge und Ansprache übernehmen. Damit handeln Sie als Bezugsperson sehr verantwortlich, auch wenn Sie vielleicht gerade keine aktive Rolle übernehmen können. Möglicherweise sind Verluste aufgetaucht, die jetzt Zeit brauchen, um betrauert zu werden. Diese Verluste können schon lange zurückliegen. Vielleicht wünschen Sie sich Beistand.

Vertraute Menschen, Psychologen, Trauerbegleiter, Seelsorger können eine hilfreiche Unterstützung sein. Glauben Sie bitte nicht, der Verlust sei zu lange her. Manchmal ist es sinnvoll, sich erst später mit einem Verlust auseinanderzusetzen, weil wir zum Zeitpunkt des Geschehens mit der Trauerarbeit überfordert wären. Viele Witwen nach dem Krieg konnten sich nicht sofort mit ihrer Trauer auseinandersetzen. Sie mussten überleben, Wohnraum für sich und ihre Kinder beschaffen und für Nahrung sorgen. Für einen anstrengenden, kräftezehrenden Trauerprozess gab es keine Zeit und keine Kapazitäten. Viele dieser Trauerprozesse wurden aufgeschoben, einige brechen sich erst im Angesicht des eigenen Todes Bahn. Neben der Erleichterung und einem neu gewonnenen Selbstverständnis kann die eigene Beschäftigung mit erlebten Verlusten auch für die Erziehung und Begleitung Ihres Kindes lohnend sein. Häufig führt die späte Beschäftigung mit erlebten Verlusten zu einer inneren Aussöhnung und Frieden.

14 Lesetipps und Links

Ende einer Freundschaft

Blank-Mathieu, Margarete: Die Bedeutung von Kinderfreundschaft und Kinderstreit für die Identitätsentwicklung. http://www.kindergartenpaedagogik.de/1266.html (abgerufen am 31.12.2015)

Blaß, Simone: Mit dir will ich nicht mehr spielen. http://www.t-online.de/eltern/schulkind/id_21891956/freundschaft-wenn-kinderfreundschaften-zerbrechen.html (abgerufen am 31.12.2015)

Kaldhol, Marit/Oeyen, Wenche: Abschied von Rune. Hamburg 1987. *Ab 5 Jahre*

Möller, Gabriele: Du bist nicht mehr mein Freund. http://www.urbia.de/magazin/familienleben/du-bist-nicht-mehr-mein-freund (abgerufen am 31.12.2015)

Weitze, Monika/Battut, Eric: Wie der kleine rosa Elefant einmal sehr traurig war und wie es ihm wieder gut ging. Zürich 1999. *Ab 4 Jahre*

Fantasiereisen/Meditationen

Kiwit, Ralf: Traumstunden für Kinder. CD: Musik zur Entspannung und Gestaltung von Traumreisen. Münster 2003

Kreusch-Jacob, Dorothee: Stille Klänge, leise Reisen. CD: Lieder zum Entspannen, Träumen, Malen und Tanzen. Düsseldorf 2000

Küpper, Corinna (Hg.): Geschichten zum Lachen, Träumen und Kuscheln. Hamburg 2004

Petermann, Ulrike: Entspannungstechniken für Kinder und Jugendliche. Ein Praxisbuch. Weinheim 2010

Salbert, Ursula: Ganzheitliche Entspannungstechniken für Kinder. Münster 2010

Gefühle

Boie, Kirsten: Kirsten Boie erzählt vom Angsthaben. Hamburg 2012

Botved, Annika/Gräßer, Melanie/Hovermann, Eike: Gefühle benennen mit Kindern und Jugendlichen. Kartenset mit 120 Bildkarten. Mit 12-seitigem Booklet. Weinheim 2016

Friedrich, Gerhard/Friedrich, Renate/de Galgóczy, Viola: Mit Kindern Gefühle entdecken. Ein Vorlese-, Spiel-, und Mitsingbuch. Mit Begleitliedern auf CD. Weinheim 2008

Geisler, Dagmar: Wohin mit meiner Wut? Emotionale Entwicklung für Kinder ab 5. Bindlach 2012

Hille, Astrid/Schäfer, Dina/Garani, Melani: Mächtig mutig! Ein Angst-weg-Buch. Velber 2008

Kreul, Holde: Ich und meine Gefühle: Emotionale Entwicklung für Kinder ab 5. Bindlach 2004

Mauder, Katharina: Motzen, trotzen, glücklich sein: Geschichten von kleinen und großen Gefühlen. Lahr 2014

Snunit, Michal/Golomb, Na'ama: Der Seelenvogel. Hamburg 1991

Krankheit des Kindes

Busch, Hubertus/Buyer, Reinhard: Das Unmögliche gangbar machen – Eltern erleben den Tod eines Kindes. In: Röseberg, Franziska/Müller, Monika (Hg.): Handbuch Kindertrauer: Die Begleitung von Kindern, Jugendlichen und ihren Familien. Göttingen 2014. S. 161–169

Brück, Kira: Der Tod kann mich mal! 12 schwer kranke Jugendliche erzählen ihre Geschichten. Für eine neue Sicht auf das Leben. Berlin 2016

Hontschik, Bernd: Wenn ein Kind schwer krank ist: Über den Umgang mit der Wahrheit. Frankfurt/M. 2010

Kappeler, Eileen: LaLeLu – und was nu … Wenn Kinder vor den Eltern sterben. Frankfurt/M. 2004

Klass, Dennis: Unterstützung trauernder Eltern – Selbsthilfe oder professionelle Hilfe? Zwei Wege zum gleichen Ziel. In: Röseberg, Franziska/Müller, Monika (Hg.): Handbuch Kindertrauer: Die Begleitung von Kindern, Jugendlichen und ihren Familien. Göttingen 2014. S. 153–160

Kubillus, Swantje: Palliative Care bei Kindern: Schwerkranke Kinder begleiten, Abschied nehmen, weiterleben lernen. Bern 2014

Niethammer, Dietrich: Das sprachlose Kind: Vom ehrlichen Umgang mit schwer kranken und sterbenden Kindern und Jugendlichen. Stuttgart 2008

Schefels, Regine: Krankheit: Unheilbar kranke Kinder. http://www.familienwegweiser.de/wegweiser/stichwortverzeichnis,did=128858.html (abgerufen am 28.12.2015)

Zöllner, Nicola/Reichert, Jörg: Professionelle Begleitung von Familien bei frühem Verlust eines Kindes. In: Kißgen, Rüdiger/Heinen, Norbert u. a. (Hg.): Trennung, Tod und Trauer in den ersten Lebensjahren: Begleitung und Beratung von Kindern und Eltern. Stuttgart 2014. S. 67–90

Massagen / Aromatherapie

Seyffert, Sabine: Viele kleine Streichelhände. Kinder massieren Kinder. Münster 2010

Werner, Monika/von Braunschweig, Ruth: Praxis Aromatherapie. Grundlagen – Steckbriefe – Identifikationen. Stuttgart 2011

Mut und Zuversicht

Beuscher, Armin/Haas, Cornelia: Über den großen Fluss. Düsseldorf 2002
Bräunling, Elke/Rarisch, Ines: Da wird der Mut ganz groß. Mutgeschichten für Kinder. Createspace 2013
Frey, Jana/Gotzen-Beek, Betina: Vom Großwerden und Starksein. 36 Bilderbuchgeschichten, die Kindern Mut machen. Bindlach 2005
Lindgren, Astrid: Der Drache mit den roten Augen. Hamburg 1986
Lindgren, Astrid: Sonnenau. Hamburg 2003
Lionni, Leo: Frederick. Weinheim 2011
Zöller, Elisabeth/Kolloch, Brigitte/Bischoff, Anne: Ich will mutig sein! Vorlesegeschichten vom Angsthaben und Sich-Trauen. Hamburg 2005

Scheidung

Baisch, Milena: Blumen im Bauch. Hamburg 2007. *Ab 13 Jahre*
Balscheit, Peter/Sponagel, Marianne/Gasser, Walter u. a.: Scheidung 2. Meine Eltern trennen sich: Das Buch für die Kinder. (Ratgeber für Kinder-, Jugendliche und Erwachsene) Zürich 2003. *Ab 9 Jahre*
Bieniek, Christian: Immer cool bleiben. Braunschweig 2005. *Ab 13 Jahre*
Bojdunyk-Rack, Dagmar/Jellenz-Siegel, Birgit u. a. (Hg.): … und was ist mit mir? Graz 2005
Dietrich, Barbara: Ich brauche euch doch beide: Scheidung tut weh. Ein Trostbuch für Kinder. Dierdorf 2004
Eckhardt, Jo-Jacqueline: Kinder im Scheidungsschmerz. So helfen Sie Ihrem Kind durch die Trennung. Freiburg/Br. 2011
Figdor, Helmuth: Scheidungskinder: Wege der Hilfe (Psychoanalytische Pädagogik). Gießen 2000
Figdor, Helmuth: Kinder aus geschiedenen Ehen: Zwischen Trauma und Hoffnung: Wie Kinder und Eltern die Trennung erleben (Psychoanalytische Pädagogik). Gießen 2012
Fried, Amelie/Gleich, Jacky: Der unsichtbare Vater. München 1999. *Ab 8 Jahre*
Grundmann, Harriet/Schulze, Marc-Alexander: Wir sind immer für Dich da! Wenn Mama und Papa sich trennen. Münster 2010. *Ab 3 Jahre*
Hetherington, E. Mavis: Die Perspektiven der Kinder. Weinheim/Basel 2003
Homeier, Schirin/Siegmann-Schroth, Barbara: Aktion Springseil. Frankfurt/M. 2011
Hula, Saskia/Eva Muszynski: Nuno geteilt durch zwei. München 2013. *Ab 7 Jahre*
Jarratt, Claudia Jewett: Trennung, Verlust und Trauer: Was wir unseren Kindern sagen – wie wir ihnen helfen. Weinheim/Basel 2006
Kiesewetter, Ina/Petra Wagner: Eine Woche Mama, eine Woche Papa: Wie Kinder getrennter Eltern gut leben. Freiburg/Br. 2012
Kißgen, Rüdiger/Heinen, Norbert u. a. (Hg.): Trennung, Tod und Trauer in den ersten Lebensjahren: Begleitung und Beratung von Kindern und Eltern. Stuttgart 2014. S. 159–176

Koch, Claus/Strecker, Christoph: Kindern bei Trennung und Scheidung helfen: Psychologischer und juristischer Rat für Eltern. Weinheim 2014

Krabbe, Heiner/Roger Weber: Kinder und Jugendliche im Konflikt der Eltern. https://www.justiz.bayern.de/imperia/md/content/stmj_internet/gerichte/amtsgerichte/muenchen/familienverfahren/kinder_im_scheidungs_trenngskonflikt.pdf (abgerufen am 28.12.2015)

Kreslehner, Gabi: Charlottes Traum. Weinheim 2009

Largo, Remo H./Monika Czernin: Glückliche Scheidungskinder: Was Kinder nach der Trennung brauchen. München 2015

Maar, Nele/Ballhaus, Verena: Papa wohnt jetzt in der Heinrichstraße. Zürich 2007. *Ab 5 Jahre*

Marquardt, Elizabeth: Kind sein zwischen zwei Welten: Was im Inneren von Scheidungskindern vorgeht. Paderborn 2007.

Masurel, Claire: Ich hab euch beide lieb! Wenn Eltern sich getrennt haben. Gießen 2014. *Ab 4 Jahre*

Meier Rey, Christine/Peter, Max: Eltern bleiben. Informationen und Tipps für Eltern in Trennung. Zürich 2006

Menendez-Aponte, Emily: Kids – Elfenhelfer. Wenn Mama und Papa sich trennen. Ein Erste-Hilfe-Buch für Kinder. Güllesheim 2004. *Ab 8 Jahre*

Meyer-Glitza, Erika: Ein Funkspruch von Papa. Therapeutische Geschichten zu Trennung und Verlust. Salzhausen 2008. *Ab 6 Jahre*

Nohsislavsky, Eveline/Bay, Arndt: Kinder in der Zerreißprobe: http://www.erziehungskunst.de/fileadmin/archiv_alt/2008/0308p003Nohsislavsky.pdf (abgerufen am 31.12.2015)

Randerath, Jeanette/Sönnichsen, Imke: Fips versteht die Welt nicht mehr. Wenn Eltern sich trennen. Stuttgart 2008. *Ab 4 Jahre*

Rechberger, Elke/Verena Schürz/Tauschek, Rosemarie: Wie wirken sich Trennung und Scheidung auf Kinder und Jugendliche aus? http://www.stangl.eu/psychologie/praesentation/trenung-scheidung-kinder-jugendliche.shtml (abgerufen am 28.12.2015)

Scharenberg, Lucy/Verena Ballhaus: Tilda trennt sich. Berlin 2012. *Ab 5 Jahre*

Schöberl, Elisabeth: Meine Eltern trennen sich. Ein Ratgeber für Jugendliche. Wien 2004. *Ab 12 Jahre*

Schwarz, Beate: Die Entwicklung Jugendlicher in Scheidungsfamilien. Weinheim 2010

Van Ranst, Do: Morgen ist er weg. Münster 2008

Walper, Sabine/Langmeyer, Alexandra: Auswirkung einer elterlichen Trennung auf die Entwicklung von Kindern in den ersten Lebensjahren. In: Kißgen, Rüdiger/Heinen, Norbert u. a. (Hg.): Trennung, Tod und Trauer in den ersten Lebensjahren: Begleitung und Beratung von Kindern und Eltern. Stuttgart 2014

Wendt, Heide-Ulrike: Wir Scheidungskinder. Töchter und Söhne erzählen vom Verlust ihrer Familie. Berlin 2003.

Willems, Jos/Appeldoorn, Brigit/Goyens, Maaike: Als Paar getrennt – Als Eltern zusammen – Wie eine gemeinsame Erziehung nach der Trennung gelingt. Ostfildern 2015

Witt-Loers, Stephanie: Kinder erleben die Trennung ihrer Eltern. In: Röseberg, Franziska/Müller, Monika (Hg.): Handbuch Kindertrauer: Die Begleitung von Kindern, Jugendlichen und ihren Familien. Göttingen 2014. S. 208–216
Zeevaert, Sigrid: Schön und traurig und alles zugleich. Weinheim 2005

Schwere Krankheit/Unfall eines Elternteils

Alder, Judith/Loschnigg-Barman, Anne-Christine: Manchmal ist Mama müde: Ein Kinderbuch zum Thema Brustkrebs. Basel 2011. *Ab 3 Jahre*
Atelier artig (Hg.): Papas Unfall (kids in BALANCE). Köln 2015. *Ab 4 Jahre*
Broeckmann, Sylvia: Plötzlich ist alles ganz anders – wenn Eltern an Krebs erkranken (Kinder fordern uns heraus). Stuttgart 2015
Brütting, Sabine: Was macht der Krebs mit uns? Kindern die Krankheit ihrer Eltern erklären. Köln 2011
Deutsches Krebsforschungszentrum: Krankheitsverarbeitung. Mit Kindern über Krebs sprechen. https://www.krebsinformationsdienst.de/leben/krankheitsverarbeitung/kindern-krebs-erklaeren.php (abgerufen am 30.12.2015)
Ennulat, Gertrud: Wenn ein Elternteil stirbt. In: Ennulat, Gertrud: Kinder trauern anders. Freiburg/Br. 2015. S. 66–91
Fessel, Karen-Susan: Ein Stern namens Mama. Hamburg 2010. *Ab 10 Jahre*
Gliemann, Claudia/Faichney, Nadia: Papas Seele hat Schnupfen. Karlsruhe 2014. *Ab 6 Jahre*
Glistrup, Karen: Was ist bloß mit Mama los? Wenn Eltern in seelische Krisen geraten. Mit Kindern über Angst, Depression, Stress und Trauma sprechen. München 2014. *Ab 3 Jahre*
Heinemann, Claudia: Kinder krebskranker Eltern – Prävention und Therapie für Kinder, Eltern und die gesamte Familie. Stuttgart 2011
Hills, Lia: Leben ist auch keine Lösung. Script 5, 2010. *Ab 15 Jahre*
Krejsa, Susanne: Mama hat Krebs. Mit Kindern die Krankheit begreifen. Freiburg/Br. 2004.
Kühne, Franziska/Schulz-Kindermann, Frank u. a.: Kinder körperlich kranker Eltern – Belastungsfaktoren und Ansätze für Interventionen. In: Röseberg, Franziska/Müller, Monika (Hg.): Handbuch Kindertrauer: Die Begleitung von Kindern, Jugendlichen und ihren Familien. Göttingen 2014. S. 111–118
Saenger, Uwe: Papa, wo bist du? Ein Kinderbuch zu Tod und Trauer für Kinder. Esslingen 2005. *Ab 4 Jahre*
Saenger, Uwe: Sarahs Mama. Wenn die Mutter stirbt – ein Kinderbuch. Esslingen 2009. *Ab 5 Jahre*
Senf, Bianca: Die Trauer von Kindern und Jugendlichen nach dem Tod eines Elternteils am Beispiel Krebserkrankung. In: Röseberg, Franziska/Müller, Monika (Hg.): Handbuch Kindertrauer: Die Begleitung von Kindern, Jugendlichen und ihren Familien. Göttingen, 2014. S. 119–146
Südbeck, Anne: Papa Panda ist krank. Ein Bilderbuch für Kinder mit depressivem Elternteil. Frankfurt/M. 2016. *Ab 3 Jahre*

Thydell, Johanna: Ich werde weiterleben. Für dich. Hamburg 2011. *Ab 12 Jahre*
Wehnelt, Sigrid/Grocki, Ines: Auch Schutzengel machen Urlaub: Mama hat Krebs – Ein Bilderbuch mit Elternteil. München 2013. *Ab 3 Jahre*
Wiener Krebshilfe: Mama/Papa hat Krebs: Teil 1 und 2 (Download bzw. Broschürenbestellung unter www.krebshilfe-wien.at). 2011

Schwere Krankheit/Unfall eines Geschwisters

Achilles, Ilse: »… und um mich kümmert sich keiner!«: Die Situation der Geschwister behinderter und chronisch kranker Kinder. München 2013

Beerwerth, Katrin: Kinder erleben den Tod eines Geschwisterkindes. In: Röseberg, Franziska/Müller, Monika (Hg.): Handbuch Kindertrauer: Die Begleitung von Kindern, Jugendlichen und ihren Familien. Göttingen 2014. S. 176–182

Brüggemann, Heike: Kinder erleben die Fehl- bzw. Totgeburt eines Geschwisterkindes. In: Röseberg, Franziska/Müller, Monika (Hg.): Handbuch Kindertrauer: Die Begleitung von Kindern, Jugendlichen und ihren Familien. Göttingen 2014. S. 183–188

Ennulat, Gertrud: Wenn Geschwister sterben. In: Ennulat, Gertrud: Kinder trauern anders. Freiburg/Br. 2015. S. 92–110

Feldhaus, Kathrin/Mehring-Fuchs, Margarethe (Hg.): Ich habe jetzt die gleiche Frisur wie Opa – Wie kranke Kinder und Jugendliche das Leben sehen. Ostfildern 2014

Franz, Margit: Die kindlichen Erfahrungen mit Abschied, Verlust und Tod. Sterben und Tod von nahe stehenden Menschen. In: Franz, Margit: Tabuthema Trauerarbeit: Kinder begleiten bei Abschied, Verlust und Tod. München 2008. S. 114–123

Goossens, Philippe/Thierry Robberecht: Eva im Land der verlorenen Schwestern. Frankfurt/M. 2004. *Ab 4 Jahre*

Haustein, Lysann: Geschwisterverlust in Kindheit und Jugend: Erleben des Verlustes und Chancen der Bewältigung. Saarbrücken 2012

Holzschuh, Wolfgang: Geschwistertrauer. Regensburg 2000

Kämper, Harriet/Pfahl, Birgit: Mit Trauer leben: Hilfen für verwaiste Eltern und Geschwister. Hamburg 2008

Knöll, Gabriele: du bist tot – ich lebe. Bundesverband verwaiste Eltern in Deutschland e. V. Books on Demand 2003.

Ritter, Mechthild: Wenn ein Kind stirbt – Ein Begleiter für trauernde Eltern und Geschwister. Gütersloh 2011.

Weggemans, Minke: Geschwistertod: Leben mit einem schweren Verlust. München 2010

Wiese, Anja: Um Kinder trauern – Eltern und Geschwister begegnen dem Tod. Gütersloh 2001

Wolter, Heike/Masaracchia, Regina: Lilly ist ein Sternenkind: Das Kinderbuch zum Thema verwaiste Eltern. Salzburg 2011.

Zingaro, Samira: Sorge dich nicht! Vom Verlust eines Bruders oder einer Schwester durch Suizid. Zürich 2013

Schwere Krankheit/Unfall/Tod der Großeltern

Düperthal, Helene: Omimas letzter Umzug – »Nennt mich Rudi«, sagt der Bestatter. Lennestadt 2012. *Ab 6 Jahre*

Ennulat, Gertrud: Wenn die Großeltern sterben. In: Ennulat, Gertrud: Kinder trauern anders. Freiburg/Br. 2015. S. 35–53

Fried, Amelie/Gleich, Jacky: Hat Opa einen Anzug an? München 1997. *Ab 5 Jahre*

Gliemann, Claudia/Tritschler, Patrick: Ohne Oma. Karlsruhe 2011. *Ab 4 Jahre*

Kniesburges, Gabriele: Ist jetzt alles anders? Berlin 2009

Lyoth, Nadine: Welche Farbe hat der Tod? Berlin 2002.

Mai, Manfred: Wenn Oma plötzlich fehlt. München 2008. *Ab 9 Jahre*

Schroeter-Rupieper, Mechthild: Kinder erleben den Tod von Großeltern. In: Röseberg, Franziska/Müller, Monika (Hg.): Handbuch Kindertrauer: Die Begleitung von Kindern, Jugendlichen und ihren Familien. Göttingen 2014. S. 196–201

Steinecke, Gisela: Tod eines Familienmitglieds. http://www.familienwegweiser.de/wegweiser/stichwortverzeichnis,did=128928.html (abgerufen am 28.12.2015)

Stellmacher, Hermien/Lieffering, Jan: Nie mehr Oma-Lina-Tag? Stuttgart 2005. *Ab 4 Jahre*

Wolter, Heike/Masaracchia, Regina Oma war die Beste! Das Kindersachbuch zum Thema Sterben, Trösten und Leben. Salzburg 2011

Tod

Witt-Loers, Stephanie: Sterben, Tod und Trauer in der Schule. Eine Orientierungshilfe. Göttingen 2. Aufl. 2016

Witt-Loers, Stephanie: Trauernde Jugendliche in der Schule. Göttingen 2. Aufl. 2015

Witt-Loers, Stephanie: Wie können Eltern ihre Kinder unterstützen und begleiten? In: Röseberg, Franziska; Müller, Monika (Hg.): Handbuch Kindertrauer. Die Begleitung von Kindern, Jugendlichen und ihren Familien. Göttingen 2014. S. 273-285

Witt-Loers, Stephanie: Trauernde Jugendliche in der Familie. Göttingen 2014

Witt-Loers, Stephanie: Trauernde begleiten. Eine Orientierungshilfe. Göttingen 2010

Witt-Loers, Stephanie/Halbe, Birgit: Kindertrauergruppen leiten. Ein Handbuch (mit Material –CD, kreativen Gestaltungsmöglichkeiten und Impulstexten). Gütersloh 2012

Worden, William J.: Beratung und Therapie in Trauerfällen. Bern 2010

Znoj, Hansjörg: Trauer und Trauerbewältigung. Psychologische Konzepte im Wandel. Stuttgart 2012

Weitere Hinweise unter: www.dellanima.de

Tod des Haustiers

C.D.: Kleine Kinder und der Tod eines geliebten Haustiers. http://www.familie-und-tipps.de/Familienleben/Haustiere/Tod.html (abgerufen am 28.12.2015)

Dempewolf, Eva: Abschied nehmen – Trauer um ein geliebtes Tier: Ein Begleit- und Praxisbuch. Berlin 2015.

Deutsche Presse-Agentur: Trauer ums Haustier: Kindern die Wahrheit sagen. http://www.focus.de/wissen/natur/tiere-trauer-ums-haustier-kindern-die-wahrheit-sagen_aid_729668.html (abgerufen am 28.12.2015)

Dworak, Alfred Franz: Tod des geliebten Haustiers: Trauerratgeber von Eltern für Eltern. Books on Demand, 2012

Ennulat, Gertrud: Wenn ein Haustier stirbt. In: Ennulat, Gertrud: Kinder trauern anders. Freiburg/Br. 2015. S. 26–34

Hallgren, Anders/Reinhardt, Clarissa von: Abschied für länger: Über den Tod unserer Hunde. Bernau 2010

Herzog, Katja: Als Michel in den Himmel ging: Trostbuch für Kinder. Books on Demand, 2011

Mare, Talsma Nynke: Charly. Ostfildern 2015

Marpa, Christoph: Abschied von geliebten Haustieren. München 2014

Nilsson, Ulf: Adieu, Herr Muffin. Weinheim 2014

Nilsson, Ulf: Die besten Beerdigungen der Welt. Frankfurt/M. 2013

Schneider, Monika: Wenn Kinder um Tiere trauern. In: Röseberg, Franziska/Müller, Monika (Hg.): Handbuch Kindertrauer: Die Begleitung von Kindern, Jugendlichen und ihren Familien. Göttingen 2014. S. 205–207

Trennung von Kita und Schule

Ennulat, Gertrud: »Ängste im Kindergarten«. München 2001

Jarratt, Claudia Jewett: Trennung, Verlust und Trauer: Was wir unseren Kindern sagen – wie wir ihnen helfen. Weinheim/Basel 2006

Jörg, Sabine/Kellner, Ingrid: Der Ernst des Lebens. Stuttgart 2012

Rübel, Doris: Ich komme in die Schule. Wieso? Weshalb? Warum? Audiobook. Hamburg 2014

Scheinder, Liane/Wenzel-Bürger, Eva: Conni kommt in den Kindergarten. Hamburg 2004

Textor, Martin R.: Der Übergang vom Kindergarten in die Grundschule: Eine Herausforderung für das Kind und seine Eltern. http://www.kindergarten-paedagogik.de/1982.html (abgerufen am 31.12.2015)

Wilfried, Griebel/Niesel, Renate: Abschied vom Kindergarten – Start in die Schule. Grundlagen und Praxishilfen für Erzieherinnen, Lehrkräfte und Eltern. München 2002

Wilfried, Griebel/Niesel, Renate/Soltendieck, Monika: Der Übergang vom Kindergarten in die Schule. Bewältigung durch die ganze Familie. Kita aktuell BY, 2000. Heft 2, S. 36–39

Umzug

Kempter, Christina/Jakobs, Günther: Clara, der Mond und das neue Zuhause. Frankfurt/M. 2014

Nitsch, Cornelia: Umzug: Eingewöhnung in ein neues Zuhause. http://www.familienwegweiser.de/wegweiser/stichwortverzeichnis,did=120434.html (abgerufen am 28.12.2015)

Ross, Tony: Kleine Prinzessin – Ich will nicht umziehen! Hamburg 2010

Schindhelm, Carlo: Die Geschichte vom Edelsteinkäfer: Hörspiel mit Musik Audio-CD. Uccello – gut zu hören, 2008

Verlust von Spielzeug

Bacher, Angelika: Kinder und Trauer – Verluste im Alltag. https://www.elternbildung.at/expertenstimme/265/trennung-und-verlust/kinder-und-trauer-verluste-im-alltag/?tx_felogin_pi1[forgot]=1&elternid=0#login (abgerufen am 31.12.2015)

Franz, Margit: Die kindlichen Erfahrungen mit Abschied, Verlust und Tod. Der kleinere, innere Tod und das Loslassen. In: Franz, Margit: Tabuthema Trauerarbeit: Kinder begleiten bei Abschied, Verlust und Tod. München 2008. S. 110–113

Kontaktstellen

Häufig finden sich unter dem Stichwort »Notfallseelsorge« im jeweiligen Bundesland Hilfsangebote von Krisenintervensionsteams, schulpsychologischen Diensten und Kirchen. Auch die Telefonseelsorge kann hilfreich sein. Psychologische, evangelische und katholische Beratungsstellen für Erziehungsfragen gibt es in jeder größeren Stadt (Beispiele):

- http://www.familienhandbuch.de/index.php
- www.notfallpaedagogik.de
- Nummer gegen Kummer: Telefonseelsorge für Kinder und Jugendliche: 0800/111 0333
- Telefonseelsorge Deutschland: 0800/111 0111 oder 0800/1110222
- Telefonseelsorge Österreich: Tel.: 142
- Telefonseelsorge Schweiz – Die dargebotene Hand: Tel.: 143
- Telefonseelsorge für Muslime: 030/443509821 www.mutes.de

- Berlin: http://www.efb-berlin.de/http://www.evangelischesjohannesstift.de/jugendhilfe/unterstuetzung_familien/erziehungs_familienberatung
- Freiburg: http://www.freiburg.de/pb/,Lde/228540.html
- Heidelberg: http://www.caritas-heidelberg.de/cms/dienste-und-einrichtungen/erziehungsberatung.html

- Köln: http://www.stadt-koeln.de/leben-in-koeln/familie-kinder/hilfe-beratung/familien-und-spezialberatungsstellen/http://www.ekir.de/beratungnrw/karte_nrw.php?ort_id=39&plz=50/
- http://www.beratungcaritasnet.de/index.php?id=koeln10
- Mannheim: http://www.pb-mannheim.de/http://www.pb.ekma.de/http://www.caritas-mannheim.de/hilfe-und-beratung/kinder-familien-und-frauen/psychologische-beratungsstelle/
- München: http://www.muenchen.de/rathaus/Stadtverwaltung/Sozialreferat/Jugendamt/Beratungsstellen-und-Elternbriefe/Beratungsstellen.html

Literatur

Figdor, Helmuth: Kinder aus geschiedenen Ehen: Zwischen Trauma und Hoffnung: Wie Kinder und Eltern die Trennung erleben (Psychoanalytische Pädagogik). Gießen 2012
Oerter, Rolf/Montanda, Leo (Hg.): Entwicklungspsychologie. Weinheim/Basel 2008
Opp, Günther/Fingerle, Michael: Was Kinder stärkt. Erziehung zwischen Risiko und Resilienz. München 2008
Witt-Loers, Stephanie: Sterben, Tod und Trauer in der Schule. Eine Orientierungshilfe. Göttingen 2. Aufl. 2016
Witt-Loers, Stephanie: Trauernde Jugendliche in der Schule. Göttingen 2. Aufl. 2015
Witt-Loers, Stephanie: Kinder erleben die Trennung ihrer Eltern. In: Röseberg, Franziska/Monika Müller (Hg.): Handbuch Kindertrauer: Die Begleitung von Kindern, Jugendlichen und ihren Familien. Göttingen 2014. S. 208–216
Witt-Loers, Stephanie: Wie können Eltern ihre Kinder unterstützen und begleiten? In: Röseberg, Franziska/Müller, Monika (Hg.): Handbuch Kindertrauer. Die Begleitung von Kindern, Jugendlichen und ihren Familien. Göttingen 2014. S. 273–285
Witt-Loers, Stephanie: Trauernde Jugendliche in der Familie. Göttingen 2014
Witt-Loers, Stephanie: Trauernde begleiten. Eine Orientierungshilfe. Göttingen 2010
Witt-Loers, Stephanie/Halbe, Birgit: Kindertrauergruppen leiten. Ein Handbuch (mit Material-CD, kreativen Gestaltungsmöglichkeiten und Impulstexten). Gütersloh 2012
Worden, William J.: Beratung und Therapie in Trauerfällen. Bern 2010
Znoj, Hansjörg: Trauer und Trauerbewältigung. Psychologische Konzepte im Wandel. Stuttgart 2012

Dank

Dankbar bin ich für das Glück, das mir im Laufe meines Lebens immer wieder begegnet ist. Vor allem dafür, dass ich die Liebe meines Lebens finden durfte, meinen Mann Werner, und dass ich nun schon so viele Jahre mit ihm leben darf. Ich bin dankbar für unsere Kinder Teresa, Elena und Ruben: Sie sind jeder für sich ein großes Geschenk. Sie bereichern unser Leben und machen es so viel bunter und heller. Auch für das Leid, das ich erfahren musste, bin ich dankbar, denn ohne dieses Leid wäre ich nicht diejenige, die ich jetzt bin. Es hat mich ebenso geprägt und macht mich ebenso aus wie das Glück. Ich bin dankbar für den Weg, den ich jetzt gehe, und für all die anderen Menschen an meiner Seite, die mir so viel bedeuten. Dankbar für meine Eltern, meine Schwester und meine Freunde. Insbesondere Romy Kohler möchte ich danken für die tiefe Freundschaft, die uns verbindet, und die liebevolle kritische Rückmeldung zu meinen Manuskripten. Es tut gut zu spüren, dass all diese Beziehungen mich tragen, dass sie liebevoll, verlässlich und ehrlich sind.

Danken möchte ganz besonders den Menschen, die sich mir anvertraut haben, die ich auf ihrem Weg der Trauer ein Stück begleiten durfte. Ich habe viel von ihnen über das Leben, das Leid, den Tod, über Trost und Zuversicht lernen dürfen. Ohne sie alle wäre diese vielfältige Arbeit, an der mir so viel liegt, nicht möglich. Von Herzen danke.

Ihnen, liebe Leserinnen und Leser, wünsche ich immer wieder Quellen der Kraft, die es Ihnen ermöglichen, mit den vielfältigen Anforderungen, die das Leben an uns stellt, zurechtzukommen. Ich wünsche Ihnen Zuversicht und Hoffnung für die Dinge, die Sie belasten, und den Mut, Wesentliches nicht aufzuschieben. Mögen Menschen an Ihrer Seite sein, die Ihnen gut tun. Ich wünsche Ihnen von Herzen, dass Sie die Lebenszeit mit Ihren Kindern in Nähe und Liebe verbringen können.

Ihre Stephanie Witt-Loers

Stephanie Witt-Loers bei V&R

Stephanie Witt-Loers
Trauernde Jugendliche in der Familie
2014. 157 Seiten inkl. Downloadmaterial, kart.
ISBN 978-3-525-40229-0
Auch als eBook erhältlich

»Die Kombination von Sachwissen, Erfahrung und einer wertschätzenden Haltung machen das Buch zu einer echten Hilfe und dies nicht nur für betroffene Familien sondern auch für professionelle Begleiter, Beratungsstellen und Menschen die in schulischen, sozialpädagogischen oder therapeutischen Kontexten mit trauernden Jugendlichen und ihren Familien zu tun haben.«
gute-trauer.de

»Das Buch ist fast ein Handbuch, das man immer wieder in Trauersituationen lesen und in bestimmten Situationen als Hilfe für in Frage gestelltes Handeln zu Rate ziehen kann.«
Wegbegleiter (Mariele Leibelt)

Stephanie Witt-Loers
Trauernde Jugendliche in der Schule
2. Auflage 2015. 136 Seiten, kart.
ISBN 978-3-525-77008-5
Auch als eBook sowie als Schullizenz-Ausgabe erhältlich

Der Themenbereich Sterben, Tod und Trauer findet in der Schule viel zu wenig Beachtung. In der Ausbildung kommt das Thema nicht vor, im Alltag jedoch immer wieder. Tritt der Krisenfall ein, sind Menschen oft überfordert und handlungsunfähig. Damit dies nicht so bleibt, zeigt die Autorin Möglichkeiten auf, wie man sich gegenüber trauernden Jugendlichen in der Schule verhalten kann.

»Witt-Loers, die stets auch die Eltern und anderen erwachsenen Bezugspersonen gut im Blick hat, gibt hier wertvolle Anregungen, im Schmerz und im Chaos wieder handlungsfähig werden, den persönlichen Weg gestalten und neue Perspektiven entwickeln zu können.«
Systhema (Guido Moelders)

Verlagsgruppe Vandenhoeck & Ruprecht | V&R unipress

www.v-r.de

Stephanie Witt-Loers bei V&R

Stephanie Witt-Loers
Sterben, Tod und Trauer in der Schule
Eine Orientierungshilfe
2., durchgesehene und aktualisierte Auflage 2016. 110 Seiten mit 8 Abbildungen, kartoniert
ISBN 978-3-525-58043-1
Auch als eBook sowie als Schullizenz-Ausgabe erhältllich.

Der Band erörtert Grundlagen, Handlungsfelder und -möglichkeiten und entfaltet Praxisbeispiele. Mit kostenlosem Downloadmaterial! Jetzt in zweiter aktualisierter Auflage!

» Auch wenn man sich als Lehrer/in, Rektor/in oder Elternbeirat/in vorher noch nie mit der Situation ›Tod eines Mitschülers oder Lehrers‹ auseinandergesetzt hat, hier findet man konkrete praxisorientierte Anleitungen wie man selbst bzw. mit Hilfe von Kollegium, Eltern und anderen Personen mit dem Tod und der Trauersituation umgehen kann.«
www.hospiz-bw.de (Birgit Slave)

Stephanie Witt-Loers
Trauernde begleiten
Eine Orientierungshilfe
2010. 160 Seiten mit einer Abb. und mit 47 Beispielen für Beileids- und Trostbriefe zum Download, kartoniert
ISBN 978-3-525-63020-4
Auch als eBook erhältlich

»Das Buch ist ein wertvolles Nachschlagewerk in der Begegnung mit betroffenen Menschen und wird für Familien, Freunde, Nachbarn, Kollegen aber auch in Institutionen, in Hospizen, in Krankenhäusern, Arzt- und Hebammenpraxen, in Gemeinden, in Vereinen, in Firmen und in Schulen Unterstützung und Begleitung sein.«
www.alltag.leona-ev.de
(Birgit Maiwald)

»Einfache, doch einfühlsame Formulierungen, Verzicht auf wolkige Phrasen und Floskeln machen ›Trauernde begleiten‹ zu einem sehr ansprechenden Leseerlebnis.«
Reformierte Presse
(Barbara Oberholzer)

Verlagsgruppe Vandenhoeck & Ruprecht | V&R **unipress**

www.v-r.de